우리 말글 바로 알고 옳게 쓰자 2

우리 말글 바로 알고 옳게 쓰자 2

정재도·김병규 지음 | 장양선 그림

창비

머리말

말과 글의 오염은
우리 정신을 좀먹습니다

 문 닫은 지 두어 해 되는 어느 시골 초등학교에 들어가 본 적이 있습니다.
 온갖 풀들이 우거진 운동장 한쪽에서 세종대왕 상이 홀로 학교를 지키고 계셨습니다. 웬일인지 가슴이 뭉클하고 목이 메었습니다.
 한동안 맨손으로 그 둘레의 풀을 뜯었습니다. 문득 교실 안이 궁금했습니다. 깨어진 유리창으로 들여다본 교실은 먼지가 켜켜이 쌓여 있었습니다. 여기서 공부하던 어린이들의 꿈도 먼지 속에 묻힌 듯했습니다. 칠판에 남아 있는 희미한 낙서만이 떠나간 어린이들의 아린 마음을 전해 주었습니다.
 '선생님, 친구들…… 학교야, 빠이빠이!'
 그 안타까운 순간에 어찌하여 '안녕!'이란 말 대신에 '빠이빠이'란 남의 말 찌꺼기를 썼을까요? 참 씁쓸했습니다.

그 어린이는 지금 어디에서 우리 말글을 제대로 배우고 있는지 모르겠습니다.

세종대왕 상은 오늘도 그 자리에 그 모습으로 계실 것입니다.

요즘 영어 때문에 나라가 온통 몸살을 앓고 있습니다. 초등학생뿐 아니라 유치원 어린이들까지 영어를 배운다고 야단입니다. 좋은 일이라고 볼 수도 있습니다. 앞날에는 영어 하나쯤은 제법 말할 줄 알아야 지구촌을 누비며 활동할 테니까 그렇습니다.

영어 공부가 나쁜 것이 아니라 우리말과 글보다 영어가 더 먼저라는 생각이 그릇됐음을 짚고 넘어가고 싶습니다. 영어가 더 중요하다는 마음, 영어는 발음이든 철자든 조금만 틀려도 안 되지만 우리 말글은 대충 알아들으면 그만이라는 자세가 문제입니다.

우리말과 글을 올바로 익힌 다음에, 그 바탕에서 딴 나라 말글을 배우는 것이 외국어 공부의 지름길이자 속이 꽉 찬 한국인으로 자라는 바른 길입니다.

환경의 오염은 우리 몸을 해치지만, 말과 글의 오염은 정신을 좀먹습니다.

어린 시절부터 우리 말글을 바로 배우고 익혀야 하는

까닭은 바로 여기에 있습니다.

  이 책이 우리 어린이들에게 그저 몇 마디를 바로잡아 주는 데 머물지 않고, 우리 말글의 소중함을 깨닫게 하며, 얼을 바로 세워 주는 버팀나무 구실까지 할 수 있게 되길 간절히 바랍니다.

2001년 11월

정재도 · 김병규

차 례

머리말 · 4

헷갈리기 쉬운 '-던지'와 '든지' · 11
책은 두껍고, 우애는 두텁다 · 15
'과반수를 넘다'는 틀린 말 · 18
소리가 같은 말—낯, 낫, 낮, 낱, 날 · 22
물건은 차에 싣고, 사람은 차에 태운다 · 26
'쌓이다'와 '싸이다' · 29
뼈째 먹는 멸치, 산 채 먹는 산낙지 · 33
'의사'와 '열사'의 차이 · 36
'~로서'와 '~로써'는 어떻게 구별할까? · 39
수량을 나타내는 우리말 · 43
100은 온, 1000 즈믄, 10000은 골 · 46
'디게'는 '매우', '엄청'은 '엄청나게'로 · 50
명태는 이름도 가지가지 · 53
오랫만이 아니라 '오랜만' · 56
발자국 소리? 발소리! · 61

'서리'와 '성에'는 어떻게 다른가 · 64
장사는 '목' 좋은 곳에서 해야 '몫'이 커진다 · 68
십팔번, 이제 단골곡이라고 하자 · 72
'사라'와 '사리' · 76
닭도리탕은 '닭매운탕'으로 바꿔 쓰자 · 81
'기라성'은 일본말 · 84
상채기는 틀린 말, '생채기'가 맞아요 · 88
삐까뻔쩍? · 93
'시치미'란 무엇일까 · 97
겹쳐 쓰는 말 · 102
주전부리와 군것질 · 106
잎새, 이파리, 잎―어느 것이 표준말? · 109
하늘을 훨훨 '나는' 새 · 113
'봉숭아' '봉선화' 둘 다 표준말 · 117
정도를 뜻하는 '만치' '만큼' · 121
돌뿌리가 아니라 돌부리 · 124
'거시기'와 '머시기' · 128

'걸르다'가 아니라 '거르다' · 132
먼지털이? 먼지떨이! · 136
소나기, 소낙비 둘 다 맞아요 · 140
알타리김치? 총각김치! · 143
높임말을 제대로 쓰려면 · 147
버들강아지와 버들개지 · 150
채소, 야채, 소채 · 153
강냉이는 사투리가 아니에요 · 157
종다리와 종달새 · 161
서울 살면 서울내기, 시골 살면 시골내기 · 165
손끝이 맵다? · 170

글을 마감하며 · 174
찾아보기 · 176

헷갈리기 쉬운 '-던지'와 '-든지'

　민구는 여동생 민경이와 디지몬 어드벤처 카드 뒤집기 게임을 하고 있었다. 그런데 동생이 반칙을 하는 바람에 티격태격 싸우다 주먹으로 한 대 쥐어박고야 말았다.
　"쯧쯧, 또 싸움이구나! 어렸을 적부터 어찌나 **싸우던지**…… 이제 **싸우든지** 말든지 나는 상관 안 한다! 그렇지만 민구는 의젓한 오빠처럼 동생을 감싸 줄 줄도 좀 알아야지."
　민구는 어머니가 무조건 자기만 혼내는 것 같아서 기분이 울적해졌다.
　'반칙한 민경이가 먼저 잘못한 건데, 항상 나만 무조건 혼내는 걸 보면 우리 엄만 혹시 계모 아닐까?'
　그런데 그 때 어머니가 부드러운 목소리로 심부름을

시키셨다.

"민구야, 심부름 좀 해 줄래? 설탕 한 봉지 사고 거스름돈으로 너 먹고 싶은 것 뭐든지 하나만 사렴. 심부름 값이다."

이 말에 민경이가 재빨리 나서면서 말했다.

"엄마, 제가 갔다 올게요."

"뭐, 민경이가 갔다 오겠다고? 정말이니? 그럼, 남은 돈으로 오빠가 좋아하는 과자 하나 사다 주고 네가 먹고 싶은 것은 과자든지 사탕이든지 하나 사 먹으렴."

민경이는 금세 뾰로통해진 표정을 지으면서 심부름 나갔다. 민구는 고소하다는 듯한 표정을 지었다.

'엄마가 네 속셈을 모를까 봐. 네가 심부름 가면 너 혼자 과자 먹을 줄 알았겠지. 흥, 네가 잔꾀 부린 벌로 엄마가 내 과자도 사 오라고 하신 거라구.'
민구는 어머니의 배려에 그 동안 엄마를 잠시나마 계모로 의심했던 것을 뉘우쳤다.
'역시 우리 엄만 공평하셔. 동생만 더 예뻐하는 건 아니시라구.'

-던지와 -든지를 잘 구별하지 않고 쓰는 사람이 많지. 이 말은 평소에 헷갈리기 쉬운데, 알고 보면 구별하기 쉬워.

-던지는 반드시 지나간 일을 가리키며, 지난 일을 돌이켜 생각할 때에 쓰이지.
· 어렸을 적부터 어찌나 싸우던지……
· 얼마나 웃었던지 허리가 아팠다.

-든지는 지금의 일로, 무엇을 가리지 아니한다는 뜻을 나타내. 그리고 -든지 -든지의 꼴로 두 번 거듭 쓰일 때가 많단다.
· 뭐든지 하나만 사렴.
· 밉든지 곱든지 내 동생이니 어쩔 수 없다.

 '-던지'인지 '-든지'인지 구별하기 어려울 때에는 현재의 일인가, 과거의 일인가를 따져 보면 분명하게 구별할 수 있어. '-던지'는 지나간 일을 가리킬 때에만 쓰이니까 말이야.
 '-든지'는 항상 낱말이 두 번 거듭되니까 쉽게 알 수 있을 거야. 현재의 일을 나타내는 말이니 '-거나'로 바꾸어 보아 말이 되면 '-든지'이고, 말이 되지 않으면 '-던지'가 맞지.

책은 두껍고, 우애는 두텁다

토요일 오후 텔레비전 프로그램에서 형편이 어려운 한 어린이를 소개하고 있었다. 아버지는 돈 벌어 오겠다며 집을 나간 지 오래고, 뒤이어 어머니마저 집을 나가 버려 고아처럼 지내게 된 어린 남매였다.

"정말 안됐다. 저런 산꼭대기 참새 집 같은 데서 어떻게 살지?"

"부엌은 수돗물도 나오지 않아서 마당에서 길어 오네. 손이 시릴 텐데 장갑도 없나 봐."

"엄마, 우리도 저 애들 도와 줘요. 전화 한 통이면 천 원을 도와 주는 거라잖아요. 남자애는 나랑 같은 5학년이래요."

"남매 간에 우애가 참 두터워서 보기 좋구나. 희수야,

희정아 너희는 저 애들 보고 뭐 느껴지는 것 없니?"
"엄마, 우리도 우애가 두꺼워요. 가끔씩 언니랑 싸우긴 하지만 싸울 때보다 우애가 두꺼울 때가 더 많았다고 생각해요. 저 애들도 엄마, 아빠가 없어서 그렇지 엄마, 아빠가 있었으면 우리처럼 싸우기도 했을 거라구요."
동생 희정이가 어머니의 말에 토를 달고 나섰다. 희수도 희정이 말이 맞다고 생각했다.
"이 바보야, 두껍다가 아니고 두텁다야. 나 따라서 해 봐. 두텁다!"
"싫어! 두껍다나 두텁다나 그게 그거지, 뭐가 달라? 그리고 뭐, 나더러 바보라고? 흥!"
"엄마, 희정이 좀 봐요. 정확히 알려 주면 그런가 보다 할 것이지, 제가 맞다고 자꾸 우겨요."
"너희는 우애가 두텁다고 해 놓고 금세 싸우니? 희수 너는 동생을 약 올리면서 말하면 못써. 희정이도 오기가 생기잖아. 희정아, 언니 말이 맞아. 두껍다와 두텁다는 분명히 다른 뜻이야. 정확히 알아 두렴. 알았지?"
"예."

두껍다는 물건의 두께가 큰 것을 나타내고, 두텁다는 눈에 안 보이는 정이나 사랑이 깊은 것을 표현할 때 쓰는 말이지.

- 판자가 너무 두껍고 딱딱해서 못 박기가 힘들었다.
- 추운 겨울에는 두꺼운 옷 한 벌보다는 얇은 옷 여러 겹을 껴입는 편이 낫다.
- 형제 간에 우애가 참 두텁구나.
- 친구 간에 우정이 두텁다.

'과반수를 넘다'는 틀린 말

　겨울 방학을 앞두고 학급 어린이 회의가 열렸다. 의장은 돌아가면서 맡는다는 원칙에 따라 이번에는 철수 짝꿍 동민이가 의장을 맡았다. 동민이는 준비를 얼마나 열심히 했는지 처음 의장을 맡았는데도 회의를 매끄럽게 잘 진행하였다.
　겨울 방학 동안에 스스로가 꼭 지켜야 할 한 가지를 정하기로 했는데, 의제가 여러 개 나왔다가 두 가지로 좁혀졌다. '고운 말을 쓰자'와 '자기 방은 스스로 깨끗이 치우자' 두 가지 중에서 손들어 결정하기로 하였다.
　출석 수 45명 중 '고운 말을 쓰자'를 찬성한 어린이가 23명, '자기 방은 스스로 깨끗이 치우자'에 찬성한 어린이가 20명, 손을 들지 않은 어린이가 2명이었다.

의장인 동민이가 말했다.

"고운 말을 쓰자에 찬성하는 어린이가 참석 인원의 과반수를 넘었으므로 이번 겨울 방학 동안의 실천 사항은 '고운 말을 쓰자'로 결정되었습니다. 그럼 우리 모두 TV에 나오는 유행어나 통신에서 쓰는 비속어를 쓰지 않고, 고운 우리말을 살려 쓰도록 합시다."

학급 친구들은 동민이가 진행을 잘 했다고 손뼉을 쳐 주면서 회의를 마쳤다.

그런데, 철수는 그 날 저녁 텔레비전의 '바른말 고운말' 시간에 과반수에 '넘다'를 붙이면 틀린 말이라고 설명하는 것을 들었다.

"어? 아까 동민이는 '과반수를 넘었으므로'라고 말했는데……"

그래서 국어 사전을 찾아보았더니 '과반수'라는 단어는 찾을 수 없었고 대신에 '과반'을 찾을 수 있었다. 과반(過半)은 반이 넘음(과반수는 반이 넘는 수)이라는 뜻으로, 텔레비전에서 리포터가 설명해 준 내용과 똑같은 것이 실려 있었다.

'동민이 녀석도 이걸 보았을까? 자기가 잘못 말한 사실을 알면 좀 부끄럽겠지. 내가 잘 알려 줘야겠다.'

철수는 '우리말을 정말로 잘 알아야겠구나.' 하는 생각을 하게 되었다.

과반수(過半數)는 '반이 넘는 수'를 뜻하지. '과(過)'가 '넘는다'는 뜻이니까 '과반수를 넘다'라면 '반이 넘는 수를 넘다'처럼 '넘다'를 두 번 겹

쳐 쓴 셈이야. 그러니 '과(過)'를 쓰지 않든지 '넘다'를 쓰지 않든지 해야 하겠지.

올바른 문장을 예로 들어 볼까?
· 찬성하는 사람이 과반수이어야 한다.
· 찬성하는 사람이 반수를 넘어야 한다.
· 찬성하는 사람이 2분의 1을 넘어야 한다.

예를 들어 출석 인원이 10명인 경우 과반수는 6~10명이고, 2분의 1 이상은 5~10명을 말하는 거야. 그러니 이제부턴 뜻을 정확히 가려서 써야겠지?

소리가 같은 말―낯, 낫, 낮, 낱, 낟

은별이가 학교 갔다가 집에 돌아오니 막내이모가 딸 아름이를 데리고 와 있었다.

"막내이모, 안녕하세요? 어, 아기도 왔네! 야, 그 동안 정말 예뻐졌다. 이모, 제가 한번 안아 봐도 돼요?"

"그래. 조심해서 안아 봐. 이모가 점심 먹을 동안 같이 놀고 있어라."

"어, 이모, 아름이가 저를 쳐다보고는 막 울어요."

"낯을 가리는구나."

"예? 저는 낫 같은 건 가지고 있지 않아요."

"하하하, 네 얼굴이 낯설어서 우는 거라고."

이모가 아름이를 안고 어르며 말했다.
"근데 이모, 아기가 졸리는가 봐요. 하품을 하네요."
"걔가 지금 잠잘 시간인데, 습관 들이려고 일부러 재우지 않는 거야. 그 녀석이 낮과 밤이 바뀌어서 낮엔 쿨쿨 자고, 밤엔 안 자려고 해서 이모가 정말 힘든단다. 울어도 안아 주지 말고 그냥 뉘어 놓아."
"이모, 그건 유아 고문이다. 아름이는 누워 있기 싫은데 누워 있어야 하니 얼마나 괴롭겠어요?"
"괜찮아. 아기는 어려서부터 습관 들이는 데 달려 있으니까. 이 밥이나 낱알로 몇 개 먹여 봐라."
"밥도 먹을 줄 알아요?"
"응, 입 속에 넣어 주면 냠냠거리며 잘 먹어."
은별이는 이모가 건네 준 밥알 몇 개를 아기 입 속에

조심스럽게 밀어 넣어 주고는 표정을 살폈다.
"어! 진짜네? 오물거리며 잘 먹어요. 야, 맛있나 보다! 또 달라고 하네? 와, 정말 신기하고 귀여워요."
"은별이 너도 이렇게 컸단다. 요렇게 쪼끄마한 아기가 지금 너처럼 큰 거야."
"예? 어휴, 믿어지지가 않아."
은별이는 아기 얼굴을 보며 배시시 웃었다.

낫, 낮, 낯, 낱, 낟은 모두 같은 소리가 나는 낱말이야. 한자말로는 '동음이의어(同音異義語)'라고 하지.

낫은 농가에서 풀, 곡식, 나뭇가지 따위를 베는 데 쓰는 ㄱ자 모양의 연장이지.
· 낫 놓고 ㄱ자도 모른다.

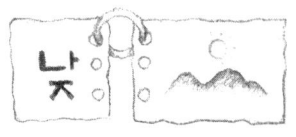
낮은 해가 뜰 때부터 질 때까지의 동안을 말하고.
· 낮말은 새가 듣고 밤말은 쥐가 듣는다.

낯은 얼굴을 뜻하는 말이야.
· 볼 낯이 없다.

낱은 셀 수 있는 물건의 하나하나를
일컫지.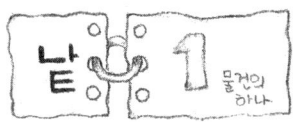
 · 낱으로 사니까 비싸게 먹힌다.
낱은 단위를 나타내는 명사 앞에 붙어, 하나임을 나타
내는 말이 되기도 해. 낱가락, 낱개, 낱개비, 낱권, 낱장,
낱말이 그런 것이지.

낟은 곡식의 옛말이야. 이 뜻이 살아
있는 말로는 낟가리, 낟알 등이 있지.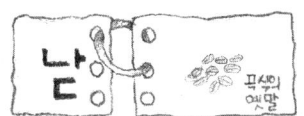
낟가리는 낟알이 붙은 볏단이나 보릿
단 따위를 쌓아 올린 더미를 말해.
 · 낟가리가 동산만하다.
 · 농부들은 낟알 하나도 흘리지 않는다.

물건은 차에 싣고, 사람은 차에 태운다

온 집안이 아침부터 북새통을 이뤘다. 할머니 칠순 잔치 준비로 유석이 어머니는 할머니 목욕시켜 드리고 꽃단장 해 드리랴, 아이들 씻긴 후 한복 입히랴 경황이 없으셨다.

"따르릉, 따르릉."

"유석아, 전화 좀 받아라."

바쁜 어머니 대신에 유석이가 전화를 받았다.

"엄마, 사진관 아저씬데 몇 시까지 잔치하는 곳에 도착하면 되냐고 물어 보시는데요?"

유석이는 전화기를 어머니에게 건네 드렸다.

"여보세요. 아저씨, 지금 출발하셔야 해요. 참! 아저씨 차에 우리 식구 좀 태우고 가면 안 되나요? 우리가 지금 바로 아저씨네 사진관으로 나갈게요."

"예, 그럽시다. 그럼 제가 촬영 장비 싣고 있을 테니 10분 후에 나오십시오."
"유석아, 할머니 모시고 길 건너 사진관으로 가거라. 사진관 아저씨가 촬영 장비 싣고 있겠다고 사진관 앞으로 나오라셔. 그 차에 우리 태워 주시겠대. 엄마도 바로 뒤따라 갈게. 잘 됐지?"
"아저씨가 우리 네 식구 싣고 가면 너무 좁지 않을까요."
"좁긴. 충분해."
"엄마, 사진관 아저씨가 싣고 갈 사람이 네 사람이라는 걸 알고 계셔요?"
"그럼, 너희 형제 백일·돌 사진을 다 거기서 찍었는데 우리 식구가 몇인지 모르시겠니? 그런데 유석아, 사람은 물건이 아니기 때문에 싣고가 아니라 타고라고 말하는 거야."

"왜요? 사람을 싣는다고 하면 틀려요?"

'싣고'는 동물이나 짐을 실어 갈 때 쓰는 말이고, 사람은 '타고' 간다고 한단다.

싣다는 어떤 교통 수단에 몸이 얹어져 짐처럼 실려 갈 때 쓰는 말이야. 움직이지 못하는 사람을 들것으로 옮겨 놓는 경우에는 태우다가 아니라 싣다를 쓸 수 있기는 하지.
- 트럭에 돼지를 싣다.
- 이삿짐을 싣다.
- 구급차에 중환자를 싣고 병원으로 달려간다.

태우다는 수레나 배 따위의 탈것에 몸을 얹게 하는 것을 말해.
- 동생을 차에 태우다.
- 아기를 그네에 태우다.

사람을 '싣는다'고 하면 동물이나 짐과 같은 취급을 하는 셈이니, 주의해서 써야겠지?

'쌓이다'와 '싸이다'

"유석아, 가족 신문에 소식란 쓰려면 오늘 있었던 일을 기록하고 자라. 지난번처럼 지어 내지 말고 미리미리 기록하면 좋잖아."
"벌써 다 써 놓았어요."
"그래! 엄마가 말 안 해도 스스로 알아서 제 할 일을 하니까 정말 좋구나. 엄마한테도 한번 보여 줄래?"

제목: 눈 오는 날
 오늘 내 동생 기석이랑 아빠랑 운동장에서 눈싸움을 하였다.
 나와 기석이가 한편이 되어 아빠에게 도전하였다.
 아빠는 우리와 눈싸움을 한 뒤 눈사람을 만들어 주

시겠다며 눈을 뭉쳐 오라고 했다. 눈이 10센티미터도 더 **싸여** 있는 운동장에서 아빠는 눈사람을 만들 터를 고르고 나서 눈을 뭉쳤다. 나는 발이 푹푹 빠지도록 눈이 아주 많이 **싸여** 있는 곳까지 가서 눈을 한 아름씩 퍼 가지고 와서 아빠 앞에 내려놓곤 하였다.

  오늘 오후 내내 눈에 **싸여** 지내다 보니 금방 시간이 다 가 버렸다. 정말 신나는 하루였다. 난생 처음 아빠랑 이렇게 재미있게 놀아 본 것 같다.

1월 7일 씀

"유석아, 오늘 하루 지낸 일을 잘 쓰긴 했는데, 맞춤법 틀린 데가 있구나."

세 가지 '싸여' 가운데 맞게 쓴 것은 어느 것?
답: 눈에 싸여

"뭔데요?"

"이것 말야. 넌 쌓이다와 싸이다를 구별할 줄 모르나 봐. 엄마가 고쳐 줄 테니 다시 한 번 생각해 보고 그래도 모르겠으면 국어 사전 가지고 엄마한테 와. 소리는 같아도 뜻이 다른 말을 잘 구별할 줄 알아야 해."

유석이는 풀 죽은 목소리로 중얼거리면서 국어 사전을 가져왔다.

"엄마, 난 수학은 쉬운데, 국어는 왜 이리 어려워요? 나는 생각 주머니가 작은가 봐요."

"그렇지 않아. 국어를 잘 하려면 책을 많이 읽어야 하는데, 넌 컴퓨터만 좋아하고 동화책은 거의 안 읽으니까 그러지. 일주일에 책 한 권씩만 읽어도 국어 실력이 놀랄 만큼 늘 거야. 국어를 잘 하고 싶으면 책을 가까이 해야 해. 알았지?"

"예, 엄마."

'쌓이다'와 '싸이다'는 같은 소리가 나지? 하지만 분명히 다른 뜻을 가진 낱말이야. 본디말을 가지고 그 뜻을 확실히 구별해 보자.

'쌓이다'의 본디말인 쌓다는 물건을 겹겹이 포개어 무더기가 높아지게 하는 것, 물건을 포개 얹는 것, 기술, 경험, 업적, 지식 들을 많이 닦거나 이루는 것을 말해.

· 쌀가마니를 쌓아 올리다.
· 담을 쌓고 살았다.
· 홍수에 대비하여 둑을 쌓았다.
· 선생님은 수양을 많이 쌓아서 인격이 높다.

흔히 '둘러싸여'를 '둘러쌓여'로 쓰는 실수를 하는데, 이제부터는 '쌓여 있는' 모양과 '싸여 있는' 모양을 머릿속에 그리면서 확실히 구별해보자.

싸이다의 본디말인 **싸다**는 어떤 물건을 종이나 천 따위로 말거나 덮어 속에 넣는 것, 둘레를 가리거나 막는 것이지.

· 보자기로 책을 쌌다.
· 도시락을 싸다.
· 책에 둘러싸여 있다.

뼈째 먹는 멸치, 산 채 먹는 산낙지

기태는 식탁에 앉으면서 얼굴을 찌푸렸다.
"에잇, 또 멸치볶음이야."
"멸치볶음이 어때서 그러니? 엄마는 네 건강 생각해서 멸치 반찬 놓은 건데…… 멸치는 **뼈째** 먹는 생선으로 칼슘 덩어리란다. 한창 클 때인 너한테 딱 어울리는 반찬인데, 뭐."
"그래도 거의 매일 먹잖아요. 일주일에 한두 번씩이라면 몰라도……"
"녀석, 아이스크림이나 피자를 **통째**로 먹으라면 아우와 싸우면서 먹겠지? 제 몸에 좋은 음식은 싫고, 몸에 안 좋은 인스턴트 음식만 좋아하니 큰일이구나."

"엄마, 나는 형아보다 멸치 더 잘 먹지요?"
"그래, 희태가 형보다 좀 낫다. 엄마는 내가 만든 음식 잘 먹어 주는 사람이 제일 좋아."
희철이는 희태에게 발끈 화를 냈다.
"김희태, 지금 나 약 올리려고 멸치 먹고 그러는 거지?"
"사실이잖아. 만날 엄마한테 맛있는 것 해 달라고 조르고…… 또 형은 나 몰래 아이스크림도 통채로 먹다가 들켰잖아."
"이 바보야, 말이나 정확히 해라. 통채가 아니고 통째다."
"뭐, 바보라구? 엄마, 형이 나 놀려요!"
"아니, 이 녀석들! 바보라고 한 녀석도 나쁘지만 쪼르르 고자질하는 녀석도 나빠. 얼른 서로 사과해."
어머니의 불호령에 기태, 희태 형제는 할 수 없이 익숙한 솜씨로 서로 한 번씩 껴안고 나서는 엇갈리게 손을 잡고 사과를 했다.
"아우야, 미안하다."
"형아, 미안해."

-째는 '그대로, 전부'라는 뜻을 나타내는 말로 통째, 병째, 그릇째 들로 쓰여. 또 날 수와 관련 있는 낱말 뒤에 붙어 계속된

기간을 나타내기도 하지.
- 멸치는 통째 먹는다.
- 나흘째 단식 중이다.

-채는 '어떤 상태가 계속되는 그대로'라는 뜻을 나타내는 말로 흔히 -채로의 꼴로 쓰이지.
- 산 채로 잡다.
- 눈을 뜬 채 밤을 새우다.

'-째'와 '-채로'는 띄어쓰기도 조심해야지.
'-째'는 앞말과 붙여 쓰고 '-채로'는 띄어 쓰는 거야.

'의사'와 '열사'의 차이

사회 탐구 수업 시간에 선생님께서 시험지를 들고 오셨다.
"이우재, 앞으로 나와. 이 시험지 맨 끝 문제 한번 읽어 봐."
"안중근 의사가 누구인지 아는 대로 쓰시오."
"문제만 읽지 말고 그 밑에 네가 쓴 답안도 읽어 봐."
"우리 동네에 있는 '안중근 의원'의 원장 선생님으로 대머리에 안경을 썼으며 환자에게 친절하고, 갈 때마다 과자나 사탕을 주기 때문에 어린이 환자에게 인기가 있다."
이우재가 답안을 읽어 내려가자 학급 아이들이 책상을 치면서 웃어 댔다.

"이우재, 솔직히 말해 봐. 너, 안중근을 몰라서 이렇게 썼니? 아니면 선생님한테 장난치려고 일부러 웃기게 쓴 거니?"

"아녜요. 애국자 안중근 의사를 알긴 아는데, 글로 설명할 수가 없었어요. 그리고 이름이 똑같은 우리 동네 '안중근 의원'만 생각나서 그냥 썼을 뿐 장난치려고 쓴 건 절대 아녜요."

"정말이야. 거짓말 아니지? 그래도 시험지에 이렇게 쓰면 안 되지. 앞으로 또 그럴 거니?"

"잘못했습니다."

평소에도 엉뚱한 말이나 행동을 해서 반 아이들을 웃기는 이우재였는데, 역시 시험지에서도 이우재다운 답을 썼다고 친구들은 키득거리며 놀려 댔다.

"선생님, 보통 안중근 의사, 이준 열사라고 부르는데 그 차이는 무엇인가요?"

자칭 우리말 박사 이민수가 질문을 했다.

"그래, 민수가 날카로운 질문을 했구나. 여기서 선생님이 설명해 줄 수도 있지만 여러분이 직접 알아보도록 숙제로 내주겠다. '의사(義士)'와 '열사(烈士)'의 차이에 대해 다음 시간까지 조사해 오도록 해라. 다음 시간에 발표시키겠다. 알았지?"

의사는 나라와 민족을 위해 의로운 행동으로 목숨을 바친 사람을 말해. 안중근 의사나 윤봉길 의사처럼 무력으로 항거해 의롭게 죽은 사람에게 의사라는 말을 붙인단다.

열사는 나라를 위해 굳은 뜻을 굳게 지켜 죽은 사람을 말하지. 이준 열사나 류관순 열사처럼 맨몸으로 저항해 죽음으로써 자신의 지조를 보인 사람에게는 열사라는 말을 붙이는 거야.

즉, 무력 항거냐, 맨몸 저항이냐에 따라 의사와 열사로 구별하는 거지.

'-로서'와 '-로써'는 어떻게 구별할까?

"민영아, 전화 받아라."
"경숙이죠? 저 없다고 하세요."
수화기를 든 어머니가 고개를 갸웃하며 말씀하셨다.
"너희 무슨 일 있었니? 민영이가 전화를 안 받겠다고 그러는구나. 좀 있다가 민영이더러 전화하라고 타이르마. 미안하다."
전화를 끊고 어머니께서 민영이를 부르셨다.
"너 경숙이랑 싸웠니?"
"아뇨. 근데 왜 엄마가 걔한테 미안하다고 그러세요? 전 잘못한 것 없어요."
"이유야 어떻든 친구가 전화를 했는데 있으면서 안 받는 건 잘못 아니니? 엄마로서 딸의 잘못을 대신 사과

한 거야."

"엄마, 경숙이가 잘못한 거란 말예요. 학급 신문을 만드는데 내가 쓴 기사를 빨간 사인펜으로 동그라미를 죽죽 그어 놨잖아요. 난 분명히 맞게 썼는데 틀렸다고 우기면서……"

"뭔데?"

"학급 신문 기사에 제가 쓴 '학교 생활 이모저모'라는 꼭지가 있어요. 그런데 경숙이가 그 기사를 저한테 물어 보지도 않고 맘대로 고쳐 놓았잖아요. 그것도 맞춤법에 맞게 고쳐 놓았으면 괜찮겠는데 틀리게 고쳐 놓고 그게 맞다고 우기니까 화가 난 거예요."

"그러면 선생님께 여쭤 보면 되잖니?"

"선생님이 퇴근하고 안 계셨거든요. 경숙이는 -로서로 써야 할 곳도 무조건 -로써로 써 놓고 그게 맞대요. 제가 아니라고 하니까 저한테 무식이 탄로 났다고까지 했어요."

"어쨌든 경숙이가 너한테 미안하다고 전해 달란다."

"병 주고 약 줄 셈인가. 날 그렇게 화나게 해 놓고…… 칫."

'-로서'와 '-로써'는 참 틀리기 쉬운 말이지. 경숙이도 잠시 헷갈린 모양이야.

-(으)로서는 자격·지위·신분을 나타내는 것으로 어떤 말 뒤에 쓰이어 '-치고' 따위의 뜻을 나타내지. 예를 들어 볼까?

"키 큰 사람으로서 싱겁지 않은 사람 없다."고들 한다.

이 경우 '사람으로서'를 '사람치고'로 바꾸어, "키 큰 사람치고 싱겁지 않은 사람 없다."고 해도 뜻은 똑같아.

한편 -(으)로써는 기구·재료·이유를 나타내는 것으로 어떤 말 뒤에 쓰이어 '가지고' 따위의 뜻을 나타내.

"우리 학교 꽃밭 가꾸기 모임은 꽃을 좋아하는 우리

학교 학생으로써 만들었다."

　이 경우에 쓰인 '학생으로써'를 '학생을 가지고'로 바꾸어 "우리 학교 꽃밭 가꾸기 모임은 꽃을 좋아하는 우리 학교 학생을 가지고 만들었다."라고 해도 뜻이 달라지지 않지.
　따라서 '-(으)로서'와 '-(으)로써'를 정확히 구분하려면 각각 '치고'와 '가지고'를 넣어 봐서 말이 되면 맞는 말이고, 말이 안 되면 틀린 말임을 쉽게 구별할 수 있지.

수량을 나타내는 우리말

"할머니, 우리 수수께끼 놀이 해요."
 엄마, 아빠가 회사에 가 계시는 동안 유석이는 할머니를 졸라 수수께끼 놀이를 하고 있었다.
"그래, 유석이 너 먼저 내 봐라."
"허수아비의 아들 이름은?"
"허수."
"딩동댕. 이젠 할머니 차례예요. 얼른 내세요."
"소금이 죽으면 뭐가 되게?"
"죽염."
"유석이가 진짜 척척박사구나."
"할머니, 하나만 더 내 주세요. 재밌다."
"그래? 이것은 좀 색다른 수수께끼라 어려운데 유석이

가 알아맞힐 수 있을지 모르겠네. 자, 고등어 넉 손, 조기 두 두름, 오징어 한 축이 있다. 여기서 가장 개수가 많은 것은 뭘까?"

"할머니, 그게 무슨 수수께끼예요? 진짜 어렵다. 오징어 한 축은 들어봤는데, 넉 손, 두 두름은 못 들어 봤어요. 답이 뭐예요?"

"모르겠냐? 조기 두 두름이 젤 많아. 이 할미가 설명할 테니 잘 들어 봐라. 고등어 한 손은 고등어 두 마리를 서로 포개어 놓은 것을 말하거든. 그러니까 넉 손이면 8마리겠지? 조기 한 두름은 10마리씩 2줄로 엮은 것을 말하니까 조기 두 두름이면 40마리지. 또 오징어 한 축은 20마리란다. 알겠니?"

"할머니, 우리말은 너무 어려워요."
"어렵긴, 처음 듣는 말이라서 그렇지 어려운 건 아니야. 할미는 항상 쓰는 말이라 어려운 줄도 모르겠구먼."
"비슷한 우리말이 또 있어요?"
"그럼, 많지. 북어 한 **쾌**, 김 한 **톳**, 배추 한 **접**, 바늘 한 **쌈**, 달걀 한 **꾸러미**…… 할미도 다 기억 못 할 만큼 우리말에는 수량을 나타내는 단위가 풍부하단다."

맞아. 우리말에는 수량을 나타내는 단위가 아주 풍부해.

생선만 해도 손, 두름, 쾌 같은 여러 가지 단위를 써. **손**은 한 손에 잡히는 양, 그러니까 두 마리를 말해. **두름**은 조기, 청어 등을 10마리씩 2줄로 엮은 것을 말하는데, 굴비를 셀 때 이 단위를 많이 쓰지. **축**은 20마리를 뜻해. 북어는 **쾌**라는 단위를 쓰는데, 한 쾌면 20마리야.

한 **접**은 과일, 배추, 무, 마늘 따위를 셀 때 100개를 나타내고, 한 **죽**은 옷, 신, 그릇 등을 셀 때 10개를 나타내. 이 밖에도 어떤 수를 나타내는 셈낱말은 정말 다양하단다.

거리: 오이, 가지 등이 50개로 오이 세 거리는 150개.
우리: 기와 들이 2000장으로 기와 네 우리는 8000장.
첩: 약 봉지에 싼 한약 뭉치를 일컬음.
톳: 김 100장 또는 40장 묶음.
꾸러미: 달걀 10개(계란 1줄).
쌈: 바늘 24개.
냥: 금이나 은 10돈.
말: 쌀이나 보리 같은 곡식 10되.

100은 온, 1000은 즈믄, 10000은 골

"아빠, 우리 집 부자예요? 재산이 얼마나 돼요? 몇천만 원쯤 되나요?"
"갑자기 무슨 말이니?"
"우리 반 은수네는 재산이 엄청나게 많은 부자래요. 아빠가 회사 사장님인데, 갖고 있는 빌딩만 해도 50억짜리도 더 된대요."
"우리 기정이도 은수라는 애가 부러운 모양이지?"
"그게 아니라 우리 집도 재산을 돈으로 따지면 얼마나 될까 생각해 봤는데, 잘 모르겠어요."
"우리는 아파트도 소형이고 자가용도 경차니까 우리 집 재산을 부동산, 현금 모두 합하면 대략 2억 정도나 될까?"

"에게, 그렇게 쪼끔이에요?"

"아니지, 아빠는 우리 집 재산이 2조도 넘는다고 생각하고 있는걸."

"2조가 넘는다고요? 금방 아빠가 2억 정도 된다고 했잖아요."

"기정이 너도 아빠한테는 무엇과도 바꿀 수 없는 재산이야. 동생 은정이까지 그 가치를 돈으로 환산했을 때 2조가 넘는다고 생각한 거지."

"그런 게 어딨어요?"

"진짜야. 아빠한테는 기정이, 은정이가 세상에서 제일 귀한 보배거든. 무엇과도 바꿀 수 없는 아빠의 재산이니까 그 가치는 얼마인지 잴 수 없지. 굳이 돈으로 따져 볼 때 2조도 넘는다는 거지."

"그럼, 2조면 얼마만큼 되는 돈이에요?"

"100만원씩 묶은 돈다발이 무려 2억 개가 있어야 하는 건가? 아빠도 잘 계산이 안 되는데?"

"그런데 아빠, 할머니는요 100을 온이라고 해요. 그런 말을 지금도 누가 쓰나요?"

"으응, 수를 나타내는 우리 고유의 말이야. 우리는 보통 일·십·백·천·만·억·조라고 하는데, 할머니처럼 연세 많은 어르신들은 하나·열·온·즈믄·골·잘·울, 이렇게 세기도 한단다."

"그런데 이상해요?"
"뭐가?"
"하나나 열은 지금도 쓰니까 알겠는데 온이나 즈믄, 골, 잘, 울 같은 말은 잘 안 쓰잖아요."
"글쎄 말이다. 아마도 한자가 들어와서 그렇게 되었을 거야. 그래도 우리말 속에는 골백번, 온갖이라는 말이 여전히 남아 있잖니. 그걸 생각해 보면 쉽게 알 수 있지."

즈믄은 1000을 나타내는 우리 옛말이라는 걸 알고 있지? 2000년에 태어난 아기를 '밀레니엄 베이비'라고 하는 사람도 있지만 '즈믄둥이'

라는 우리말을 쓰는 편이 훨씬 좋게 들리지?

수를 나타내는 우리말이 이제는 거의 쓰이지 않지만 요즘도 이런 옛말이 남아 있기는 해.

우리가 흔히 쓰는 온 백성, 온 겨레, 온 집안, 온 세상이라고 할 경우의 '온'은 백을 뜻하는 온에서 나온 말이야. 옛날에는 백이란 수가 아주 많다고 생각했나 봐.

'골백번'이란 말도 있지. '골백번을 읽어 주어도 소용이 없다'처럼 여기서 쓰는 '골'도 수를 나타내는 우리 옛말이었단다.

하나: 일(1)
열: 십(10)
온: 백(100)
즈믄: 천(1,000)
골: 만(10,000)
잘: 억(100,000,000)
울: 조(1,000,000,000,000)

'디게'는 '매우', '엄청'은 '엄청나게'

"엄마, 디게 재밌었어요. 고맙습니다."
만화 영화를 보고 나온 인수와 인호는 무척이나 기분이 좋은 듯 팔짝팔짝 뛰었다.
"엄마, 이 표 가지고 또 보면 안 돼요?"
"다음 사람이 표를 사서 들어오니까 볼 수가 없지. 좀 기다리면 비디오 테이프로 나올 거니까 그 때 빌려 보면 되잖아."
"그럼, 우리 뭐 사 먹으면 안 돼요? 배고픈데……"
"그러자!"
분식집에서 간식을 먹어 대는 인수와 인호를 보고 엄마는 흐뭇하게 웃으셨다.
"그렇게 맛있니?"

"예, 디게 맛있어요. 엄마도 들어 보셔요."
"디게? 인수야, 디게가 뭐야? 그런 말은 예쁜 말이 아니야."
"내 친구 형구는 만날 하는데요. 걔는요 디게 싫다, 디게 좋다, 디게 맵다, 하여튼 디게를 입에 달고 살아요."
"그런 말은 바른말이 아니야. 형구라는 애가 모르니까 쓰는 거지."
"그럼 뭐라고 해야 하는데요?"
"아주 맛있다나 매우 맛있다, 몹시 싫다, 아주 좋다, 아주 맵다로 하면 되지."

'디게'는 '되게'라고 발음해야 하는데, '아주, 몹시'의 뜻이지. '몹시'는 '더할 수 없이' '심하게'

51

무지 좋아요(×)
무지무지하게 좋아요(○)

엄청 맛있어요(×)
엄청나게 맛있어요(○)

같이 정도가 지나쳐 도리어 좋지 못하다는 뜻이니 '되게 맛없다' '되게 재미없다'고 하면 어색한 표현이야. '되게' 대신에 '매우'를 쓰면 더 자연스럽지.

그리고 '무지'와 '엄청'도 바르게 쓰려면 '무지무지하게' '엄청나게'라고 써야 한단다.

명태는 이름도 가지가지

 명대네 식구들은 설악산 여행을 마치고 돌아오는 길이었다.
 "점심은 뭘 먹을까? 난 이 곳에서 제일 유명한 음식이면 좋겠는데, 너희는 뭘 먹고 싶니?"
 "저도요."
 아버지께서 알았다는 듯이 고개를 끄덕이시며 '황태구이' 간판이 달린 음식점에 차를 대셨다.
 "여기, 황태구이 2인분하고 코다리찜 2인분 주세요."
 차림표를 보며 주문하시는 아버지를 바라보던 명대가 아버지에게 질문을 하였다.
 "아빠, 코다리가 뭐예요? 코하고 다리로만 요리하는 음식인가요?"

"하하하, 글쎄다. 좀 기다려 보자. 음식이 나오면 코하고 다리만 있는 요리인지 아닌지 알 수 있지 않겠냐?"
그 때 주인 아주머니가 황태구이를 내왔다. 그러자 명대가 주인 아주머니께 코다리가 뭐냐고 물었다.
"이거랑 같은 거야. 다만 코다리는 황태보다 반쯤 덜 말린 명태라고나 할까?"
식당 아주머니는 황태구이를 가리키시며 황태 덕장이 가까이에 있으니 나가면서 꼭 들러 보라고 위치까지 알려 주셨다.
"아빠, 그런데 명태는 왜 이름이 여러 가지예요?"
"그렇구나. 명태를 갓 잡은 것은 생태, 얼리면 동태, 말리면 북어, 얼렸다 말렸다 하면 황태라고 부르니까 네가 헷갈릴 만하다. 하하하."

"여보, 잘 됐어요. 이 곳에 온 김에 애들한테도 보여 줄 겸 식당 아주머니 말대로 돌아갈 때 황태 덕장에 들러서 구경도 하고 맛 좋은 황태도 좀 사 가지고 가면 좋겠어요."

명대 어머니는 황태를 사 가지고 갈 것을 생각하니 마냥 즐겁기만 한지 식당 아주머니께 황태 양념구이 만드는 법을 물어 보고 계셨다.

명태는 우리가 흔히 먹는 생선이지. **생태**는 말리거나 얼리지 않은 잡은 그대로의 명태를 가리켜. 반면 **동태**는 겨울에 잡아 얼린 명태로 동명태의 준말이지.

황태는 한겨울에 얼었다 녹았다 하며 얼부풀어서 더덕처럼 마른 북어이고, **북어**는 마른 명태란다. 햇볕에 60일쯤 완전히 말린 것이지.

15일 정도 볕에 내놓아 반쯤 말린 명태는 **코다리**라고 하는데, 코를 꿰어 4마리씩 한 묶음으로 팔고 있어 붙은 이름이란다. 명태는 정말 이름도 가지가지야.

오랫만이 아니라 '오랜만'

5월은 5일 어린이날에 이어 8일 어버이날, 15일 스승의 날 같은 기념일 연속에 가정의 달이기도 하다. 희숙이는 선생님께서 부모님께 드릴 감사 편지를 써 오라고 하자 끙끙대며 편지를 썼다.

부모님께,
엄마, 아빠 안녕하세요. 어버이날을 맞아 그 동안 부모님께 저는 어떤 딸이었는지를 생각해 봅니다. 며칠 전 어린이날만 해도 제가 원하는 선물 사 주지 않는다고 화나서 말도 안 하고 괜히 동생 때려서 울리고, 그래서 엄마한테 혼나고…… 그 때 내가 왜 그랬는지 모르겠습니다.

　아빠, 엄마!

　저와 동생 키우시느라 밤낮 없이 고생하시는데 저는 그것도 모르고 부모님 마음만 상하게 해드렸어요. 오늘 하루만이라도 엄마, 아빠 맘에 드는 착한 딸이 되고 싶어요. 오랫만에 부모님께 편지를 쓰려니까 왠지 부끄럽네요.

　아빠, 엄마 사랑해요. 오랫동안 건강하세요.

　　　　　　　엄마, 아빠를 사랑하는 딸 희숙 올림

며칠 후 편지를 받아 본 희숙이 어머니는 학교 갔다 돌아온 희숙이에게 말하였다.

"희숙아, 편지 잘 받아 보았다. 네가 글 쓴 걸 보니 우리 희숙이가 다 큰 것 같아 맘이 흐뭇해지는구나."

어머니 말씀을 들은 희숙이는 계면쩍다는 듯 말하였다.

"쑥스럽게 왜 그러세요. 그런데 엄마, 편지 벌써 받으셨어요? 학교에서 단체로 우표 붙여서 보냈는데, 친구들은 아직 아무 소리 없던데?"

"편지 쓰느라 수고했다. 이거 네 선물이야."

희숙이 어머니는 흐뭇한 표정을 지으셨다.

"참 희숙아, 네가 쓴 이 편지글 중에 맞춤법이 틀린 것이 있더라. '오랫만'이 아니라 '오랜만'이라고 해야 맞아. 그리고 '오랫동안 건강하세요'보다 '항상 건강하세요'가 더 자연스럽지 않겠니?"

"단숨에 써 놓고 읽어 보지도 않고 그냥 부쳐서 그런가 봐요."

"이 다음에 연애 편지도 이렇게 쓰면 남자 친구가 너 무식하다고 안 만나 줄 텐데 어떡할래?"

"아이 참, 엄마도 별 소릴 다하시네. 엄마한테 편지 쓸 때하고 남자 친구한테 편지 쓸 때하고 같나요?"

"아이구, 이 애가 벌써부터 엄마는 뒷전으로 따돌리면

서 사람 차별하려고 그러네?"
"엄마! 왜 그래요. 난 그딴 것 안 쓸 거라구요."
"그으래? 어디 한번 두고 봐야지. 호호호."

오랫동안과 오랜만은 그 말의 뜻이나 쓰임이 각기 다르단다. '오랫동안 비가 왔다' '오랜만에 비가 그쳤다'처럼 낱말을 넣어 짧은글을 지어 보면 쉽게 알 수 있겠지.

'동안'은 어느 때로부터 어느 때까지의 사이를 가리키는 말이고, '-만'은 동안(비가 오는 동안, 일을 하는 동안)이 얼마쯤 계속되었는가를 가리킨단다.

오랫동안에 'ㅅ' 받침이 들어가는 것은 이 낱말이 '오래의 동안'이라는 뜻을 가지고 있기 때문이야. 'ㅅ' 받침은 '-의'와 같은 구실을 할 때가 있단다. 그런데 오랜만은 '오래간만'의 준말로 '오래의 만'이라는 뜻이 아니야. 그러므로 'ㅅ' 받침을 붙여서 '오랫만'이라고 쓰면 틀리고 반드시 'ㄴ' 받침을 붙여 써야 해.

한편, '오래간만'이란 말은 '오래된 끝' '오래 지난 뒤'란 뜻을 가지고 있단다.

발자국 소리? 발소리!

조용한 오후 한때였다. 이웃도 모두 빈집인 듯 사방이 고요했다. 은숙이는 아무도 없는 줄 알면서도 이 방 저 방을 기웃거렸다. 큰방에도 가 보고, 동생 방도 들여다보았다.

그 때 밖에서 무슨 소리가 나는 것 같았다.

'동생 현석이가 오는 걸까?'

반가운 마음에 얼른 문을 열어 보았으나 낙엽만 바람에 굴러다닐 뿐 아무도 없었다.

은숙이는 혼자 심심해하다가 햇볕이 드는 창가에 앉아 동화책을 읽기 시작했다. 졸음이 몰려오나 싶더니 이내 깜박 잠이 들고 말았다.

"으악!"

누군가 발로 거실 바닥을 쾅! 구르면서 소리쳤다.

"어머!"

은숙이는 깜짝 놀라 눈을 떴다. 동생 얼굴이 바로 코앞에 있었다. 눈을 부라리고 입을 쩍 벌린 짓궂은 표정을 한 채 은숙이 눈앞에 얼굴을 바짝 들이밀고 있었던 것이다.

"누나 놀랐지?"

"그래, 간 떨어질 만큼 놀랐다. 나는 도둑이 들어온 줄 알고 어찌나 놀랐는지 지금까지 아무 정신이 없네."

"처음부터 장난칠 맘은 아니었어. 누나 방문을 두드렸는데도 아무 기척이 없어서 문을 열어 보니 누나가 졸고 있더라. 그래서 소리 안 나게 발자국을 죽이고 누나

한테 도둑고양이처럼 살금살금 다가갔지, 뭐."

"발자국을 죽여? 그런 말도 있니?"

"그게 어때서? 발자국 소리 안 나게 살살 걸었다는 뜻이지."

"뭐라고? 발자국 소리라는 말도 있니? 얘, 신발 내디딘 자국을 발자국이라고 하는데, 발자국을 죽인다는 게 말이 되니? 그런 말은 없어. 그리고 발자국 소리라는 말도 틀려. 발소리라고 해야 맞지."

"와, 방금 잠 깬 거 맞아? 우리 누나, 진짜 유식하네."

발자국은 발로 밟은 곳에 남아 있는 자국으로서, 발로 밟은 흔적의 모양을 뜻하는 말이니 발자국이란 건 소리가 날 수 없지. 눈 위를 걸으면 뽀드득 소리가 나고 거기에 발자국이 생기지만 그것은 발걸음 소리거나 눈 위를 밟는 소리지 발자국 소리는 아니야. 그러니 발걸음 소리나 발소리라고 해야 바른말이지.

발자욱: 발자국의 사투리.
발자취: 발을 옮겨 걸어간 종적이나 흔적.

서리와 성에는 어떻게 다른가

주말에 은주네 가족들은 외할머니 생신을 맞아 시골 외갓집에 갔다.

차 안에서 은주 어머니가 갑자기 생각난 듯 말하였다.

"참, 여보. 우리 시골 온 김에 고춧잎 좀 따 가요. 서리 내리고 나면 고춧잎 못 쓰게 되니까 우리 식구 모두 가서 딸 수 있는 한 많이 따 가지고 가자구요. 고춧잎이 몸에 그렇게 좋대요."

해마다 외할머니는 직접 고추 농사를 지어서 고추를 보내 주곤 하시는데, 고춧잎은 일손이 부족해서 그냥 버리신다는 말씀에 은주 어머니는 무척 아까워하셨다.

외갓집에 도착하여 한참 동안 시간을 보낸 다음 은주네 식구들은 외할머니와 함께 고추밭에 갔다.

온 식구가 고추밭에 들어가 고춧잎을 따고 있는데, 할머니께서는 밭 가장자리에 둘러서 있는 감나무를 가리키시며 감도 가지째 꺾어 가라고 하셨다.

그러자 은주 어머니께서 말씀하였다.

"어머니, 저 감은 땡감이라서 떫잖아요. 서리 맞고 홍시가 될 때까지 기다리면 맛이 더 좋지 않아요?"

외할머니와 어머니가 서로 대화하는 것을 들은 은주가 물었다.

"엄마, 서리가 뭐예요? 고춧잎은 서리 내리면 못 쓴다고 하면서 감은 왜 서리 맞으면 맛있는 홍시가 된다고 하는지 모르겠네. 서리랑 얼음이랑은 다른 거예요?"

"얼음 비슷한 거야. 보통 우리가 아침에 일어나 보면 식물 이파리에 이슬이 맺혀 있잖아. 근데 날씨가 추워지면 이슬 대신에 얼음 가루 같은 것이 생기는데 이것을 서리라고 해."

"그럼 왜 고춧잎에는 서리가 안 좋고, 감에는 서리가 좋은 거예요?"

"하하하, 네가 궁금한 것이 바로 그 점이지? 은주야, 고춧잎에 서리가 내리면 어떻게 될까?"

"몰라요."

"모르긴, 고추나무는 한해살이니까 다 죽어 버리지. 근데 감나무는 여러해살이잖아? 감이 서리를 맞으면 단

단했던 육질이 부드러워지면서 달고 맛있는 홍시가 되니까 사람들이 서리 맞은 감을 좋아하는 거지."

궁금증이 생긴 은주는 내친 김에 더 물어봐야겠다 하면서 어머니에게 물었다.

"엄마, 그럼 사람들이 서리 꼈다, 성에 꼈다고 말하는데, 서리와 성에의 차이가 뭐예요?"

"그러고 보니 우리 은주가 참 진지하게 묻는구나. 성에는 냉동실에 하얗게 낀 얼음 덩어리를 말해. 또 작년 겨울 너무 추웠을 때 우리 집 거실 바깥 창문에 하얗게 얼음이 얼어붙은 것 봤지? 그런 것도 성에라고 해."

"그럼, 자동차 타고 가다 보면 자동차 유리창에 하얗게

끼는 것도 서리라고 해요?"

"그것은 김이 서렸다고 하지. 자동차 바깥 온도와 실내 온도차 때문에 생긴 일종의 수증기 같은 물이니까 그것을 서리라고는 하지 않지."

"그렇구나. 서리와 성에의 차이를 이제 좀 알 것 같다."

서리: 기온이 어는점(빙점) 아래로 내릴 때 공기중의 수증기가 땅에 닿아 얼어붙은 흰 가루 모양의 얼음.

성에: 유리나 굴뚝 등에 수증기가 허옇게 얼어붙은 것.

장사는 '목' 좋은 곳에서 해야 '몫'이 커진다

호경이는 어머니를 따라 동네 시장에 갔다가 시장 한복판에 사람들이 와글와글 모여 있는 것을 발견하였다.

호기심이 발동하여 여러 사람 틈새를 헤집고 들어가 보니 아주 작은 봉고차에서 한 아저씨가 뻥튀기를 만들고 있었다. 그 주변에 몰려 있는 사람들은 뻥튀기를 사려고 기다리는 사람들이었다.

"엄마, 우리도 한 봉지 사 가요."

"사람들이 너무 많아서 안 되겠다. 장 좀 보고 나서 집에 갈 때 사 가자."

호경이는 맛보기로 먹어 본 달콤한 뻥튀기 맛이 입안에 남아 자꾸만 구미가 당겼다.

드디어 어머니가 물건을 다 산 뒤 짐수레에 싣고 돌아오면서 아까 그 길목을 지나가게 되었다.
"아저씨! 목 좋은 곳에 자리 정말 잘 잡으셨네요. 장사는 모름지기 목이 좋아야 한대요."
어머니가 뻥튀기를 사서 건네 주자 호경이는 집으로 부리나케 뛰어갔다.
"할머니 먼저 드려라. 언니 몫도 남겨 놓는 것 알지?"
뛰어가던 호경이가 돌아서 멈칫하면서 말했다.
"엄마, 아까 아저씨한테 말한 목과 언니 몫의 차이가

69

뭐예요? 우리 몸의 목이랑 같은 소리가 나네요."
"그렇지. 모두 같은 소리가 나지만 뜻은 달라. 장사 목은 '길목' 할 때 목이야. 장사는 사람들이 많이 지나다니는 길목에서 해야 잘 된다는 뜻이겠지. 그리고 ㄱㅅ 받침이 있는 몫은 할머니 것, 언니 것, 그리고 네 것으로 나눠 가지는 각 부분을 가리키는 거야."
"몫은 무슨 말인지 잘 알겠는데 '장사할 때 목이 좋아야 한다'는 목은 처음 들어 본 말이라서 알 듯 모를 듯 하네요."

 목과 몫의 차이를 분명하게 알 수 있게 짧은 글짓기를 해 볼까?

· 노루가 지나다니는 목이야.
· 이것이 네 몫이다.
· 자기 몫을 다해 일해라.

한 가지 더 알려 줄까? 푼돈이 아니고 액수가 많은 돈을 가리킬 때 '목돈'이라고 하는데, 이 때 '몫돈'이라고 하지 않고 '목돈'이라고 한다는 걸 잘 알아 둬. 목돈은 모갯돈, 또는 뭉칫돈을 가리키는 말이란다.

십팔번, 이제 단골곡이라고 하자

"엄마, 나 십팔번 하나 만들래요."

여름 방학 동안 시골 할아버지 댁에서 지내다 온 호식이는 시골 친구들이 환송회를 해 주던 날 일을 떠올리며 어머니에게 말했다.

"갑자기 무슨 뚱딴지 같은 소릴 하니? 그게 무슨 말이야?"

"난 왜 이리 노래를 못 하는 거예요? 시골에서 친구들이 노래를 부르라는데 못 한다고 거절했더니 십팔번 노래라도 부르래요."

"그래서?"

"할 줄 아는 노래가 없어서 '개구리 왕눈이'를 불렀더니

친구들이 내 십팔번이 겨우 개구리 왕눈이냐고 물어서 창피하더라구요."
"그래? 엄마가 노래를 잘 못 하는데, 네가 엄마 닮아서 노래를 못 하나 보다. 그런데 너희도 십팔번이라는 말을 쓰니? 그 말은 아이들이 잘 모를 텐데……"
"다 알던데요, 뭐. 엄마, 그런데 왜 가장 잘 부르는 노래를 십팔번이라고 하는 거예요?"
"그걸 말하려면 좀 복잡해. 흔히 가장 자랑으로 여기는 것이나 일을 십팔번이라고 하는데, 옛날에 엄마도 궁금해서 알아봤더니 일본말에서 나온 거래."
"그럼, 십팔번 대신에 뭐라고 해야 하는데요?"
"십팔번 대신에 '단골곡'이라고 하든지, 아니면 '애창곡'

이라고 하면 좋지 않을까? 악기를 연주하거나 춤을 출 경우에는 '장기'라고 하면 될 것이고 말야."

"엄마, 나 단골곡 하나 만들게 노래 좀 가르쳐 줘요."

어머니는 호식이의 어깨를 두드리며 노래 못한다고 너무 기죽지 말라고 위로해 주셨다.

'십팔번'이라는 말의 유래는 이렇단다.

17세기 일본에 이찌가와 단쥬로오라는 가부끼(일본 민속 예술) 배우가 있었어. 이 사람이 이찌가와 집안에서 7대에 걸쳐 내려오는 18가지 노래와 무용들을 정리했는데, 이것이 가부끼 쥬우하찌반(十八番)이야.

여기에서 유래해 일본 사람들은 자신의 장기를 쥬우하찌반이라 하고 있는데, 이것이 일제 시대에 우리에게도 전해져 잘하는 재주나 장기를 가리켜 '십팔번'이라고 하게 된 것이지.

이런 일본말 찌꺼기를 우리 생활 속에서 사라지게 하려면 가장 먼저 우리가 이런 말을 쓰지 않도록 해야 겠지. 그러려면 아름다운 우리말을 잘 살려 쓸 수 있도록 순수한 우리말을 잘 가꾸고 지키려는 노력이 필요해. 단골곡이나 애창곡이란 말이 처음에는 불편하더라도 한번 쓰기 시작하면 훨씬 친근한 말이 될 거야.

'사라'와 '사리'

"오늘 점심은 냉면 먹자. 아빠가 한턱 내겠다."
지난 토요일, 아버지께서 말씀하셨다. 모처럼 외식이라 어머니는 환성을 지르시는데 진수는 투덜거렸다.
"이렇게 추운 날 냉면을 먹어요? 저는 자장면이 더 좋은데……"
그러자 어머니가 아버지를 거들면서 말씀하셨다.
"원래 냉면은 북한 음식으로, 겨울에 먹어야 제 맛을 느낄 수 있다는 거 아니냐."
냉면집에 자리를 잡고 앉자, 주인 아저씨가 차림표를 들고 주문을 받으러 오셨다. 차림표를 살펴보던 진수가 불쑥 말했다.

"아저씨, 전 냉면이 싫거든요. 그러니까 냉면 사리에서 냉면은 빼고, 사리만 주시면 안 돼요?"
"뭐라고?"
주인 아저씨는 무슨 말이냐는 듯이 바라보셨다.
그러자 아버지께서 얼른 농담으로 받아 넘기셨다.
"아저씨, 신경 쓰실 것 없어요. 그냥 주문만 받으세요. 쟤가 안 먹는 냉면은 제가 다 먹을 테니까요."
어머니께서 주인 아저씨께 말했다.
"아저씨, 덜어 먹는 접시 좀 주세요. 그리고 육수도 좀 주실 수 있어요?"
"예, 사라 여기 있습니다. 육수는 이 주전자에 있으니 맘껏 따라 드십시오."
주인 아저씨가 어머니 부탁에 재빠르게 접시와 육수를 가져다 주셨다.
"엄마, 접시가 사라예요?"
주인 아저씨의 낯선 말에 진수가 어머니께 물었다.
"응. 접시가 일본말로 사라란다. 우리말은 두고 왜 일본말을 쓰는 거지? 그런데 진수야, 면이 너무 적지? 우리 사리 하나 더 시켜 먹을까? 아저씨! 여기 사리도 하나 주세요."
어머니는 진수에게 동의를 구하면서 주인 아저씨께 사리를 주문하셨다.

그러자 진수가 혼자 중얼거렸다.
"사리, 사라? 엄마, 사리도 일본말인가요?"
"아냐, 사리는 순 우리말이야. 그러고 보니 사라, 사리 발음이 비슷하네! 뜻은 전혀 다른데 말야."

사라는 그릇을 뜻하는 일본말인데, 엄연한 우리말이 있는데도 무심코 '사라'라는 말을 쓰는 어른이 많아. 이 말 대신 앞접시나 개인 접시라고 바꿔 쓰는 것이 바람직하겠지. 우리부터 먼저 노력해 보자.

'사라' 외에도 우리 생활 속에 일본말 찌꺼기는 무수히

고쳐 써야 할 일본말 찌꺼기
덴뿌라 → 튀김
오봉 → 쟁반
오뎅 → 꼬치
다꾸앙 → 단무지

많단다. 이런 말들은 쓰지 않도록 해야지.

한편, **사리**는 국수 뭉치를 가리키는데, 국수나 실·새끼 등을 사리어 감은 뭉치를 뜻하는 우리 토박이말이야. 국수 사리, 냉면 사리, 라면 사리 할 때 쓰이지.

닭도리탕은 '닭매운탕'으로 바꿔 쓰자

"애들아, 오늘 저녁은 뭘 해 먹을까?"
 어머니가 만화 영화를 보고 있는 창식이, 창수 형제에게 물었다.
"큰집에서 먹었던 닭고기가 먹고 싶어요."
"닭고기? 큰집에서 어떤 닭고기를 먹었는데?"
"닭고기에 감자도 들어 있었고, 매콤한 게 참 맛있었는데…… 그거 또 먹고 싶어요."
"아, 큰엄마가 닭볶음 만들어 주셨나 보구나."
"아닌데? 큰엄마는 닭볶음이라고 하지 않고 뭐라고 말씀하셨는데, 기억이 잘 나지 않네."
"그럼, 닭찜 먹었니?"

"아니오. 매콤하기도 하고, 약간 달콤하기도 했는데, 그 이름은 잘 모르겠어요."
"그럼, 너 닭매운탕 먹었나 보구나."
"큰엄마가 말한 것은 그런 이름이 아니었는데…… 엄마, 그럼 닭요리 이름을 전부 대 보세요."
"그럴 것이 아니라 큰엄마한테 여쭤 보자."
어머니가 전화기를 들어 큰어머니께 물어 보셨다.
"형님, 창식이가 형님 집에서 먹었던 것이 닭도리탕이라구요? 네, 알았어요, 형님."
옆에서 큰어머니와 통화 내용을 듣고 있던 창식이가 물었다.

"엄마, 큰엄마가 뭐라고 하세요?"
"엄마 말이 맞았어. 큰엄마는 닭도리탕이라고 하셨지만 그게 바로 닭매운탕과 같은 거야."
"어? 그런데 왜 큰엄마는 닭도리탕이라고 하시는 거예요?"
"닭도리탕은 일본말이야. '도리'는 새를 일컫는 일본말 '토리'에서 나온 것이니, 우리말로 바꾸면 닭새탕이라고나 할까? 하하하, 이름이 우습다. 그렇지?"
"말이 안 되네요. 닭매운탕이 제일 나아요."
"그래, 알았다. 닭매운탕을 빨리 만들어 먹자."

닭도리탕은 우리말 '닭'과 '새'를 뜻하는 일본말 '토리'가 합해져서 생긴 일본말 찌꺼기야. 이런 말들은 쓰지 않도록 해야지. 닭도리탕 대신에 우리말 닭매운탕, 닭볶음탕, 닭감자볶음, 닭얼큰찜 같은 말로 바꿔 쓰면 좋겠어.

'기라성'은 일본말

민성이는 일요일에 가족과 함께 우이동 4·19 공원에 갔다. 그 곳에는 아버지의 친구 분 가족들이 이미 와서 민성이네 식구들을 기다리고 있었다.

점심을 함께 맛있게 먹고 나서, 오락 시간이 되어 가족별로 모여 앉았다. 오락 시간에는 하늘이네 아버지가 사회를 맡으셨다.

"자, 여러분. 기다리고 기다리던 장기 자랑 시간이 되었습니다. 사회 각계의 기라성들이 다 모인 이 자리에서 제가 사회를 맡게 되었으니 가문의 영광으로 알고 열심히 해 보겠습니다. 먼저 가족 대항 장기 자랑을 시작하겠습니다. 어린이들은 숨어 있는 재주를 마음껏

발휘하여 오늘의 기린아가 됩시다. 첫째 모실 손님은 강우석이네가 되겠습니다. 박수로 환영해 주시기 바랍니다."

사회자 말이 떨어지자마자 민성이는 아버지에게 질문을 하였다.

"아빠, 사회자 아저씨가 말한 기라성, 기린아가 무슨 말이에요? 아까 기라성이라고 사회자 아저씨가 말할 때부터 궁금했는데, 또 금방 기린아라고 말한 것 아빠도 들었지요? 대체 그 말이 무슨 뜻이에요?"

"응, 기라성은 '밤하늘에 반짝이는 수많은 별'이라는 뜻이야. 이건 일본말 찌꺼기란다."

"그런데 왜 어른들은 이런 일본말 찌꺼기를 아무렇지도 않게 쓰는 거예요?"

"일부러 쓴 건 아닐 거고, 무심결에 습관적으로 쓴 거겠지. 의식을 하고 있으면 그런 말을 너희들 앞에서 쓸 수 있었겠니? 아빠 같은 세대들이 일본말 찌꺼기에 많이 오염되어 있어서 그런 거란다. 아이구, 앞으로 우리 민성이 무서워서 말도 함부로 못 하겠는걸."

"아이, 아빠도 참, 놀리지 마세요. 그런데 또 기린아는 무슨 뜻이에요?"

"응, 그건 네가 집에 가서 직접 국어 사전 찾아보면 좋겠는데?"

"왜요?"

"네가 혼자 찾아봐도 충분히 알아 낼 수 있으니까 그렇지. 아니면 너희들 장기 자랑 대회에서 우승자가 누가 될 건지 결과를 기다려 봐도 기린아가 무슨 뜻인지 저절로 알 수 있어."

"정말요? 그럼, 가장 잘하는 사람이 기린아라는 뜻이겠네요?"

"민성이 너 제법이다. 미루어 해석까지 할 줄 알고……그래, 맞다. 슬기와 재주가 남달리 뛰어난 젊은이를 가리켜서 기린아(麒麟兒)라고 표현한 거란다. 너희들이 알아듣기는 좀 어려운 한자말인 것 같다. 이런 말도 어른들이 안 쓰는 것이 좋겠지?"

기라(綺羅)는 별이 반짝이는 모양을 표현한 일본말 '기라끼라'에서 따온 한자말이야. '기라성'은 일본말 '기라보시(반짝이는 별)'일 뿐이지 우리말은 아니야.

그런가 하면 유명한 인물을 인용할 때 '기라성 같은 존재' '기라성 같은 스타들이 늘어섰다' 같은 표현을 하는데, 이런 말들은 아예 쓰지 않는 것이 좋겠지. '기라성' 대신에 뛰어난 인물을 비유하는 말로 별, 큰별 들을 쓸 수 있고 '뛰어나다' '쟁쟁하다'라는 형용사도 있으니까 말이야.

상채기는 틀린 말, '생채기'가 맞아요

며칠 전 은미 가족은 할아버지 제사를 지내러 큰집에 갔다. 오랜만에 만난 친척 아이들은 다트판의 과녁 맞히기 내기를 하느라 왁자지껄했다.

그 때 갑자기 무서운 큰어머니가 아이들을 향해 크게 소리쳤다.

"너희들 이리 좀 나와 봐라. 누가 이 텔레비전 브라운관에 기스 냈니? 범인은 빨리 자수해."

왁자지껄하게 놀던 아이들이 일시에 조용해지면서 텔레비전 앞으로 모여들었다.

"방금 전까지 텔레비전이 멀쩡했는데, 순식간에 어떤

녀석이 날카로운 철사 같은 걸로 브라운관에 기스 내고 고장까지 내 버렸어."

아이들 여섯 명이 텔레비전 앞에 모여서 서로 아니라고 우겼다. 그 때 제일 어린 웅이가 말했다.

"큰엄마, 난 안 그랬는데 이것이 그랬어요."

모두가 일시에 네살배기 웅이를 바라보니 웅이 손에는 길게 쫙 펴진 클립이 들려 있었다.

"너 이 녀석, 이것 어디서 났어? 네가 이것으로 텔레비전 긁었구나. 그치?"

"큰엄마, 난 안 그랬어요. 이 철사가 혼자 그랬어요."

둘러대는 웅이 말에 모여든 사람들이 모두 웃었다.

그 때 석규가 할머니한테 쪼르르 달려와 말했다.

"할머니, 우재 형이 손톱으로 내 얼굴을 긁었는데 아파 죽겠어요. 여기 좀 봐 줘요.”
"어이쿠 이 녀석아, 손톱자국이 너무 깊어 흉터 생기겠다. 에미야, 큰일났다. 애 얼굴에 상채기 좀 봐라. 손톱에 할퀸 자국이 왜 이리 크냐.”
그 때 큰어머니가 석규 얼굴을 살펴보더니 말씀하셨다.
"웅이 녀석은 텔레비전에 기스를 내더니, 그 녀석 형은 사람 얼굴에 기스를 내니? 차라리 물건에 기스 나는 게 낫지, 얼굴에 난 손톱자국은 없어지지도 않는단 말야. 아무튼 형제는 용감했다네.”
그 때 은미가 쪼르르 달려와 할머니께 질문을 하였다.
"할머니, 기스가 뭐예요?”
"응, 상처 났다는 뜻이야.”
"그럼 상처라고 말하지 왜 기스라고 해요?”
"기스는 일본말이거든. 우리말은 상처라고 하는데 습관적으로 상처 난 것을 기스 났다고 하는 게지.”
"그러면 상채기는 상처라는 뜻이에요?”
"응, 손톱 같은 것에 할퀴이거나 여드름 짜다가 상처 난 것을 상채기라고 한단다.”
그 때 은미 어머니가 할머니 설명을 들었는지 은미에게 말했다.
"은미야, 할머니 설명은 맞는데, 상채기가 아니라 생채기라고 해야 바른말이야. 흔히 '상처'에 '상'자가 들어가니까 상채기로 잘못 알고 있는데, 생채기가 옳아. 상채기는 사투리야."

"그래요? 제 생각에도 상처, 상채기로 연결될 것 같은데 그게 아니네요? 기스란 말도 정말 엉뚱한데, 생채기도 진짜 엉뚱하다. 아무래도 금방 잊어버리고 또 헷갈릴 것 같은데…… 어떡하지?"

기스란 상처·흠·흠집·결점·티 들의 뜻을 지닌 말이야. 새것에 흠집이 생겼을 때 예사로 쓰는 일본말인데, 상처 또는 **생채기**로 바꿔 쓰는 것이 좋겠어.

생채기는 손톱 따위의 가늘고 날카로운 끝에 긁히거나

앗! 새 접시에 생채기가…

할퀴이어 생긴 작은 상처를 말해. '상채기'가 아니라 '생채기'라는 걸 잊지 말아야 해!

· 여드름을 짜지 마라. 잘못 짜면 생채기가 생긴다.
· 형 얼굴을 손톱으로 할퀴어 생채기가 났다.

삐까뻔쩍?

 명국이가 교실에 들어서자마자 반 아이들은 눈이 휘둥그레지면서 명국이 곁으로 몰려들었다. 무슨 일인지 명국이는 옷도, 신도 모두 새것이었고, 이발까지 하여 아주 말끔해진 모습으로 나타났기 때문이다.
 "야, 땟국이가 웬일이냐?"
 명국이는 좀 겸연쩍어하면서도 못내 신나는 표정이었다. 그러면서도 능청스럽게 시치미를 떼며 말하였다.
 "모두들 왜 그래? 내 얼굴에 뭐라도 묻었냐?"
 명국이가 짐짓 아무렇지도 않은 듯 딴전을 피웠다.
 "오늘이 너한테 무슨 날이라도 되냐?"

"머리끝에서 발끝까지 훤해졌다?"
아이들이 한 마디씩 물어 댔다.
그제서야 명국이가 씩 웃으면서 말했다.
"사실은 오늘 우리 막내 외숙 결혼식이야. 수업 끝나기가 바쁘게 곧장 예식장으로 달려가야 해. 오늘 토요일이라 오전 수업뿐이잖아."
그 때 서주연이 들어오는데, 교실이 환해진 느낌이었다.
아이들의 눈길이 모두 그쪽으로 쏠렸다. 반 아이들이 아까보다 더 놀란 표정들을 지으면서 몇몇 아이들이 탄성을 질렀다.
"야!"
서주연이는 공주 같은 드레스에 멋진 모자까지 쓰고 있었다.
"서주연, 너도 오늘 무슨 일 있니?"
"응, 우리 이모 결혼식이야."
아이들이 김명국과 서주연 주변을 에워쌌다.
"어, 수상하다. 김명국네 외삼촌과 서주연네 이모가 결혼하는 것 아냐?"
눈치 빠른 이성술이 물어 보자 주연이가 대답했다.
"맞아. 우리 엄마와 김명국네 엄마가 중매하셨거든."
그러자 친구들을 잘 웃기는 기태가 한 마디 했다.

"하도 삐까뻔쩍해서, 나는 너희 둘이 결혼하는 줄 알았잖아?"
"야, '삐까뻔쩍'이 무슨 말이니? 그게 우리 놀리는 말이 아니고 뭐야? 그냥 멋있다고 하면 되지, 뭐 '삐까뻔쩍'이라고?"

그 때 선생님께서 들어오시자 아이들이 모두 제자리로 갔다.

뾰로통해진 서주연은 선생님께 기태가 한 말을 그대로 전했다. 선생님은 웃으면서 삐까뻔쩍에 대해 설명해 주셨다.

"그래, 삐까뻔쩍은 바른말이 아니란다. 삐까는 일본말 삐까삐까의 반쪽인데, 삐까삐까는 우리말 빤짝빤짝, 뻔쩍뻔쩍과 같아. 그러므로 삐까뻔쩍은 우리말 번쩍과 일본말 삐까가 합쳐진 이상한 말이야. 우리말도 아니고 일본말도 아닌 이런 말을 쓰지 않도록 해라."

"그럼, 삐까뻔쩍 대신에 무슨 말을 쓰면 될까요?"

"좋은 우리말이야 얼마든지 있지. '반짝반짝, 번쩍번쩍, 빤짝빤짝, 뻔쩍뻔쩍' 들이 있고 '으리으리한' '아주 좋은' 들을 쓸 수 있는데, 그때 그때 상황에 맞게 알맞은 말을 골라서 쓰면 되겠지."

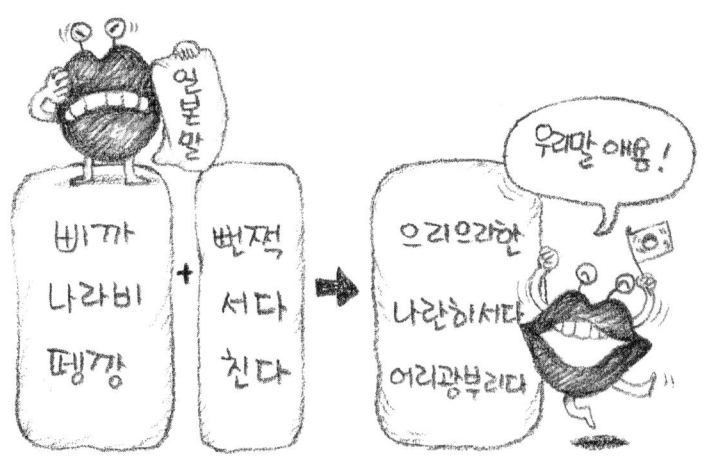

'시치미'란 무엇일까?

"야, 강희진. 졸지 말고 이 초콜릿이나 먹어."
꾸벅꾸벅 조는 희진이를 보며 짝꿍 수철이가 자그맣게 속삭인다.
"이거, 울 아빠가 출장 갔다가 사 오신 거다!"
수철이가 조그만 초콜릿을 책상 밑으로 건넨다.
"자, 다음 쪽은 강희진이 읽어 보세요."
희진이는 초콜릿을 밀어 넣는 수철의 손을 뿌리치느라 선생님이 부르는 소리를 듣지 못하고 말았다.
"얘, 강희진! 너 다음 쪽 읽으라시잖아! 아침부터 졸기는……"

　명희의 말에 희진이는 고개를 숙이며 "아닌데……" 한다.
"헤, 졸아 놓고 시치미 떼긴. 내가 다 봤는데 뭘!"
수철이도 킥킥거리며 거들었다.
"그리고 수업 시간에 뭘 먹는 사람은 수업 끝나고 반 친구들에게도 나누어 주도록!"
선생님 말씀에 수철이도 어깨를 움찔한다.
'아니, 어떻게 아셨지? 몰래 먹었는데……'
"야, 바른 대로 말해. 뭐 먹었어?"
아이들이 웃음을 터뜨리며 한 마디씩 한다.
"아무것도 안 먹었어. 정말이야."
수철이는 자신도 모르게 입가로 손을 가져다 댔다.
"야, 너야말로 시침 떼고 있잖아. 네 얼굴이나 보고 말

해라. 도대체 몇 개를 먹은 거야?"

희진이가 조그만 손거울을 내밀며 눈을 흘긴다.

"어, 내 입이 왜 이러냐!"

수철이 입가에 까맣게 초콜릿 자국이 묻어 있는 것이 아닌가.

"자, 조용히들 하고. 강희진, 어서 읽어 보자."

한바탕 웃음 소리가 지나간 교실에 책 읽는 소리가 낭랑히 울려 퍼진다.

시치미가 무엇이기에 뗀다고 하는 걸까?
시치미를 뗀다는 말은 옛날 몽골 사람과 고구려 사람들이 매로 하는 꿩사냥을 즐긴 데서 나

매부리: 사냥에 쓰는 매를 기르고 부리는 사람들

온 말이란다. 당시 꿩사냥은 매부리들이 마을 뒷산 기슭에 모여 저마다 가지고 나온 매들을 날리면서 시작되었지.

　날아간 매들은 닥치는 대로 꿩을 물어 오지. 그러면 매부리들은 꿩을 잡아 온 매를 서로 자기 매라고 우겼어. 매들이 비슷비슷하게 생겼으니, 어떤 매가 자기 것인지 딱 집어 가리기도 힘들었겠지? 그래서 더러는 싸움판이 벌어지기도 했단다.

　매부리들은 그래서는 안 되겠다 싶어 대책을 마련했어. 흰 뼈를 네모꼴로 납작하게 깎아 만든 뼈패에 이름을 적어서 각자 자기 매의 꽁지 털 속에다 매달아 자기 매를 가려 내기로 했지.

이 뼈로 만든 이름패가 바로 '시치미'야.

시치미로 매의 주인을 찾게 되자 서로 '내 매다' '네 매다' 하는 다툼은 적어졌어.

그런데 매부리들 중에도 심술쟁이가 있었어. 꿩을 물어 온 매의 시치미를 떼어 자기 매로 삼고는 모르는 체하는 이가 있었단다. 그래서 또 매 뺏기 싸움이 시작되었지.

여기에서 시치미를 뗀다는 말이 생겨나 굳어졌단다. 자기가 하고도 짐짓 아닌 체, 알고도 모르는 체하는 태도를 '시치미 뗀다'라고 하게 된 것이지.

그러고 보면 시치미 떼는 짓은 바람직한 것이 아니지?

겹쳐 쓰는 말

순희와 현아는 전철 안에서 국어 숙제를 하는 중이다. 사람들이 흔히 잘못 쓰는 말들을 들은 대로 받아 적는 숙제다.

"이렇게 숙제하는 것도 참 재밌다. 그지?"

"그래. 어, 아저씨들 좀 봐."

바로 앞에서 얘기하던 사람들이 내리고, 다시 열차가 출발하는 순간이었다.

"아니, 당신 지금 시방 뭐요!"

맞은편에 서 있던 대머리 아저씨가 버럭 소리를 질렀다.

"그러는 당신은 뭐요?

모자 쓴 아저씨가 맞받아 소리쳤다.
"시방 지금 내 발을 밟아 놓고, 미안하단 말도 안 했잖소."
대머리 아저씨가 다시 소리를 질렀다.
"참 내, 먼저 밀쳐 놓고서는……"
모자 쓴 아저씨가 어이없다는 표정으로 말했다.
"뭐요? 난 그런 적 없소. 신년 새해 벽두부터 원 재수가 없으려니……"
"뭐요? 머리는 십오야 밝은 보름달을 해 가지고서!"
순희는 픽 웃음이 나왔다. 어른들이 저렇게 조그만 일로 유치하게 말다툼을 벌이다니, 자기 얼굴이 빨개지는 것 같았다.

현아가 눈을 반짝이며 말했다.
"십오야 밝은 보름달? 이것도 적어야지."
순희도 으쓱해하는 표정으로 말했다.
"신년 새해도 있어."
"그래. 똑같은 말을 겹쳐 쓰시는 거."
"지금 시방, 하는 것도 적었지?"
"응. 자, 이제 우리 서로 상의해 가면서 받아 적은 말들을 정리하자."
"어? 그런데 네 말 중에서도 받아 적을 게 있는걸!"
"뭐?"
"자, 봐라. 서로 상의하자!"
현아가 노트를 쓱 내밀었다.
"하하. 이제 우리가 하는 말도 서로 받아 적자. 왜 그 생각을 못 했을까?"

순희와 현아가 주로 어떤 말을 받아 적었는지 알 수 있지? 그래, 바로 겹말이야. 우리는 아무 생각 없이 귀에 익은 대로, 입에 익은 대로 겹말을 참 많이 쓰고 있단다.

신년 새해, 십오야 보름달, 느낀 바 소감, 파도 물결…… 이런 말들이 모두 겹말이지.

겹말은 똑같은 말이 두 번 반복되어 쓰이는 '완전 겹침'

과 '부분 겹침' 두 가지로 나누어진 단다. '지금 시방'이란 말을 예로 들어 보면, 지금이나 시방이나 다 바로 이 시간을 뜻하니, '지금 시방'은 완전 겹침에 해당하지.

또 '한자말＋우리말'로 된 '신년(新年) 새해' '십오야(十五夜) 보름달' '파도(波濤) 물결' 같은 것도 어색한 완전 겹말이야.

부분 겹침에는 '서로 상의하자' '고목나무'와 같은 말이 있지. 상의(相議)라는 말 자체가 서로 의논한다는 뜻인데 '서로'가 또 썩어 같은 뜻의 말이 겹친 것이지.

고목나무도 마찬가지야. 고목(古木)이 바로 오래된 나무라는 뜻인데, 고목나무라고 하면 '나무'가 겹치지.

'가득가득' '오래오래' 들처럼 특별히 두드러지게 하는 경우가 아니면 이런 말들은 될 수 있는 대로 겹쳐 쓰지 않는 게 좋겠어. 자칫하다가는 지리한 말이 될 수 있거든.

주전부리와 군것질

"민수야, 이번엔 과자냐?"
"예. 할머니도 좀 들어 보셔요. 얼마나 맛있는데요."
"너 금방 빵 먹더니만, 또 과자를 먹어? 쯧쯧. 그러다 뚱뚱보 되겠다. 먹으라는 밥은 먹지도 않으면서……에구, 큰일이다."
"그래도 맛있는 걸 어떡해요. 내 배가 이 과자를 자꾸만 부르는걸요."
"글쎄, 네가 하루종일 주전부리할 먹을거리를 입에 달고 사니까 그렇지. 정작 끼니는 거르고 말이야. 제발 주전부리 좀 그만해라."
"에이, 할머니, 주전부리가 뭐예요? 군것질이지. 할머닌 만날 사투리만 쓰시더라."

"인석아, 주전부리가 사투리는 왜 사투리야. 자꾸 쓸데없이 먹는다는 뜻이지. 군것질이든 주전부리든 너무 심하면 그것도 몸에 해롭지. 아니, 그런데 이게 무슨 냄새냐?"
"에이, 할머니도 잘 아시면서…… 엄마가 빈대떡을 만들고 계시잖아요."
"으잉! 맞다. 옳거니, 애야, 가서 우리 빈대떡이나 먹자꾸나."
"내가 다 우리 할머니 닮았다니까. 할머니도 쉼 없이 주전부리하시잖아요. 떡이니 빈대떡이니 하는 것만 다를 뿐이죠."
"아니, 요 녀석이……"

할머니가 빙그레 웃으시며 방을 나가신다.

그렇지. 주전부리는 사투리가 아니란다. 군음식을 때 없이 자꾸 먹는 짓을 일컫는 말이지. 군것질과 같은 말이야.

한창 자라는 어린이들이 참을 수 없는 것 중 하나가 바로 이 군것질이겠지?

'군것질'의 '군-'은 어떤 말의 앞에 붙어 '쓸데없는'이라는 뜻을 나타내지. '군말' '군불' '군살' '군내' '군더더기'에 붙은 '군-'을 보면 바로 어떤 뜻인지 알 수 있을 거야.

잎새, 이파리, 잎―어느 것이 표준말?

"누나야, 우리 시합할래?"
"좋아. 저 은행나무까지다!"
명주와 동생 명철이는 롤러 블레이드를 타고 시합을 해 보기로 했다.
"좋아. 진 사람이 집에 갈 때 떡볶이 사야 해."
"알았어. 자, 시작!"
명철이가 소리침과 동시에 미끄러지듯 달려 나갔다.
명주도 오른발에 힘을 주고 죽 앞으로 나갔다.
"으이쿠, 내가 지겠는걸!"
급히 은행나무 쪽으로 달리던 명주는 갑자기 몸의 중심이 흔들렸다.

"아앗!"

"으악, 누나야. 조심해!"

명주는 비틀거리다가는 나무에 부딪어 콰당 엉덩방아를 찧고 말았다.

"아이고, 아파."

눈에서는 파란 불꽃이 번쩍 이는 것 같다.

명철이가 다가와 손을 잡아 일어나는 것을 도와 주었다.

"이 잎새들 때문이야. 이것들에 걸려 미끄러졌잖아!"

명주는 괜한 핑계를 대며 옷을 툴툴 털었다. 동생 앞에서 넘어지다니 사실 좀 부끄러워진다.

"그래도 노란 은행잎들이 정말 예쁘지? 우리 이 잎새들을 주워다 책갈피에 끼워 놓자."
"그래. 누나 넘어진 기념으로! 깔깔깔."
명철이가 큰소리로 깔깔거리며 은행잎을 줍는다.
"그런데 누난 왜 잎새라고 해? 잎이잖아, 나뭇잎!"
"글쎄, 잎이나 잎새나 같은 말이지만, 그냥 잎새가 더 멋있는 말 같이 들리잖니? 나뭇잎, 나무 잎새……"
명주가 나뭇잎을 주우며 중얼거렸다.
"그렇지. 우리 나라 시인 윤동주의 시에도 유명한 말이 있잖아? 잎새에 이는 바람에도 나는 괴로워했다!"
"아이고, 우리 누나 또 분위기 잡고 있군. 이제 어서 집에 가자. 누나가 진 거니까 떡볶이 사는 거다!"
"으이구. 그래, 알았어."

잎새는 나뭇잎을 뜻하는 말이지만 사투리란다. 충청도 지방에서 주로 쓰이는 사투리지.
표준말은 아니지만 시에서는 이런 사투리를 쓸 때가 있단다. 시는 보통 글과 달리 말가락이 아주 중요한 구실을 하잖아.
'잎새에 이는 바람'과 '잎에 이는 바람'을 견주어 보면 어느 것이 듣기에 좋니? '잎새에 이는 바람'이 훨씬 듣기 좋지. 윤동주의 시에 나오는 이 구절은 워낙 널리 알려져

사람들이 즐겨 읊는 것이지만, 사실 '잎새'란 말은 사투리야.

잎을 뜻하는 표준말은 잎사귀, 이파리가 있단다.

하늘을 훨훨 '나는' 새

"와아, 명현이 연이 제일 높이 난다."
 명현이는 아버지와 함께 연줄을 신나게 풀며 호랑나비 모양 연을 조종하고 있다. 옆에서 함께 독수리 연을 날리고 있는 친구 진수가 부럽다는 듯이 힐끔거린다. 명현이는 연줄을 잡은 손에 힘을 더욱 주며 어깨를 한번 으쓱거려 본다.

"높이높이 날아라, 내 호랑나비연
 멀리멀리 날아라, 내 호랑나비연."

그러자 진수가 옆에서 또 곡조를 붙여 명현이 약을 올

린다.

 "높이높이 날으는 내 독수리연
  펄펄 날으는 내 독수리연."

 "야, 노래를 부르려면 똑바로 불러라. '날으는'이 뭐냐? 넌 국어 시간에 졸았냐?"
 "내가 뭐 어때서. 노래 부르는데, 맞춤법까지 따지냐? 괜히 연날리기에서 질 것 같으니까…… 그런데, '날으는'이 틀린단 말이야?"
 진수가 고개를 갸웃거린다.

많은 사람들이 훨훨 '날으는' 새라고 흔히 쓰지만 이 말은 바르지 않아. ㄹ받침을 가진 낱말이 변할 때에는 뒤에 오는 말에 따라 받침이 그대로 소리날 때도 있고 나지 않을 때도 있거든.
 '날다' '놀다' '돌다' '밀다' '헐다' 같은 말에서 이런 변화가 일어나지. ㄱ이나 ㄷ,ㅁ 들 앞에서는 그대로 소리가 나지만 ㄴ 앞에서는 ㄹ이 줄어서 소리가 나지 않는단다.
 '날개로 공중에 떠서 움직인다'는 뜻을 지닌 '날다'도 이와 같이 말끝이 변해 가지. '날고' '날다' '날며'와 같이 ㄱ,ㄷ,ㅁ 들 앞에서는 ㄹ 받침소리가 제대로 나지만, ㄴ

앞에서는 '나네' '나는' '나니'로 변해. '날다'에서 '다'를 빼고 '는'을 붙여 '날는'이라고 하면 소리내기 힘들지? 그래서 ㄹ이 빠지고 '나는'이 되는 거야.

따라서 '하늘을 나는 연' '하늘을 나는 공' '하늘을 나는 새' 들에서 '나는'이라고 해야 맞는 말이지.

그런데 '나는'이 아무래도 어색하게 느껴지지? 그럴 땐 '날아다니는' '날아가는'이라고 해도 되지.

또 '나는 나비' '나는 새' '나는 비행기'와 같이 앞에 다른 낱말 없이 써 놓고 보면, '날아가는 나비'인지 '날아가는 새'인지 '날아가는 비행기'인지, 자기가 나비인지 새인지 비행기라는 뜻인지 헷갈리지 않을까 하는 걱정이 생길 수도 있잖아. 그래서 '날으는'이란 잘못된 말이 생겼단다.

- ㄹ받침이 그대로 소리날 때
  날고 있는 새
  날도록 했다
  날면서 간다

- ㄹ받침이 소리나지 않을 때
  하늘을 나네
  하늘을 나는 새
  하늘을 나니 기분 좋겠다

그렇지만 낱말이란 문장 속의 다른 낱말과의 관계에서 그 뜻이 뚜렷해지는 것이므로 그런 걱정을 할 필요는 없을 거야.

'봉숭아' '봉선화' 둘 다 표준말

"콩콩 찧어라, 방아 찧어라."

세미는 사뭇 노래까지 지어 부르면서, 낮에 따 온 봉선화 꽃잎을 그릇에 넣고 방아라도 찧듯 으깨었다.
"얘, 그렇게도 신나니? 노래까지 흥얼거리고."
어머니가 백반을 넣어 주며 웃음 섞어 말씀하신다.
"그럼요. 이 손에 봉숭아물 들이려고 얼마나 기다렸는데요. 어머니, 좀 도와 주세요."
"그러자꾸나."
대답하시면서 어머니도 나지막이 콧노래를 흥얼거리신다.

"울 밑에 선 봉선화야
네 모양이 처량하다.
길고 긴 날 여름철에
아름답게 꽃 필 적에
어여쁘신 아가씨들
너를 반겨 놀았도다."

"어머니, 너무 슬퍼요."
동생 세영이가 슬픈 표정을 지어 보이며 말한다.
"그런데 어머니, 어느 게 바른 말이에요? 봉숭아, 봉선화."
"그러게. 둘 다 쓰니까 좀 헷갈리는구나."

"뭐 둘 다 맞는 말일 거야. 교과서에서도 봉선화, 봉숭아 둘 다 쓸 때가 많잖아."

"피, 누난 그것도 몰라? 맨날 공부한다고 중얼중얼하더니."

봉숭아, 봉선화 둘 다 바른 말이란다. '봉숭아' '봉숭화' '봉송아' '봉선화' 따위로 부르기도 하지. 그렇지만 이 가운데 '봉숭아'와 '봉선화'를 같이 표준말로 정하고 있단다.

오래 전에 시나 노래에서는 봉선화라고 많이 썼지. 그렇지만 요즘에는 교과서에서도 봉숭아를 주로 쓰고 있단다.

복숭아도 이와 같은 경우에 해당하지. 복숭아도 '복송' '복상' '복성' '복송아' '복숭아' 등 여러 가지로 쓰고 있단다. 그렇지만 '복숭아'만 표준어로 정하고, 다른 말을 버리기로 했단다. 그런데 복사는 '복숭아'의 준말로 보고 있단다. 복사꽃은 복숭아꽃의 준말이지.

그리고 발목 위에 양쪽으로 도도록이 불거진 뼈를 흔히 복숭아뼈라고 하지. 그렇지만 그건 복사뼈라고 해야 바른말이고, '복숭아뼈'는 사투리로 본단다.

정도를 뜻하는 '만치' '만큼'

"허어. 우리 동석이 발이 벌써 그렇게 자랐니? 형이랑 크기가 거의 똑같구나."

운동화를 골라 주시던 아버지가 대견스럽다는 듯이 웃으며 말씀하셨다.

"얘는 먹으면 먹는 대로 발로 다 가잖아요."

형 동진이가 동석이를 보며 놀린다.

"허어. 어린 학생들이야 먹은 **만치** 다 발로 가는 게 이치죠."

"아저씨는 먹으면 먹은 **만큼** 손으로 가나요? 손이 정말 크시네요. 솥뚜껑만해요, 헤헤."

동석이가 장난스레 아저씨에게 말한다.

"아저씨는 겨울에 고생 좀 하시겠어요. 손이 크니만큼 장갑도 커야 하잖아요."
"허어. 녀석 별 걱정을 다 하는구나. 네 발이 큰 만치 신도 크듯이, 장갑도 다 제 크기가 있단다."
동석이가 혀를 쑥 내밀며 말한다.
"그런데 아저씨, 아저씨는 아까부터 왜 자꾸 사투리를 쓰세요? 저만치가 아니라 저만큼, 먹은 만치가 아니라 먹은 만큼이라고 해야잖아요."
"허어, 내가 그랬나? 그럼 어떠냐. 사투리도 우리말인데."
아저씨가 겸연쩍은 듯이 말한다.

"얘, 그런데 만치가 정말 사투리냐? 어째 좀 알쏭달쏭하다."

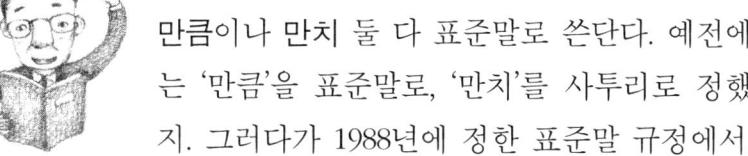
만큼이나 만치 둘 다 표준말로 쓴단다. 예전에는 '만큼'을 표준말로, '만치'를 사투리로 정했지. 그러다가 1988년에 정한 표준말 규정에서, '만치'와 '만큼'을 복수 표준말로 정해 놓았어. 전에는 방언으로 취급받던 '만치'가 이 때부터 '만큼'과 동등하게 쓰이게 된 거지.

이렇듯 말도 시대에 따라 변한단다. 사람들이 얼마나 많이 자주 편하게 쓰느냐에 따라 규정을 새로 정하거든.

돌뿌리가 아니라 돌부리

"에이, 참!"

민주는 아까부터 화가 나 있었다. 유행하는 운동화를 사 달라는 부탁을 어머니가 한 마디로 거절하신 것이다.

"너 정신이 있니? 금세 바꿔 신을 운동화를 그렇게 많은 돈을 주고 사 달라니 말이야. 도대체 그 상표 이름이 뭐가 그리 중요하니?"

탁!

민주는 옆에 나뒹굴던 깡통을 발로 찬다.

"으악! 아이고, 내 발이야."

잘못하여 그만 삐죽 나온 돌부리를 걷어차고 말았다.

"아야."

얼마나 세게 찼던지 온 발이 얼얼했다. 얼굴까지 빨개

져 왔다.

"킥킥, 왜 그래. 괜한 깡통을 차려다 도리어 네 발만 뭉개지겠다."

같이 가던 진아가 다가와 웃으며 말했다.

"야, 남은 아파 죽겠는데 웃음이 나오니?"

"왜 그러는데? 속상한 일이라도 있는 거니?"

"엄마가 ○○표 운동화 안 사 주신다잖아."

"에이. 난 또 뭐라고. 겨우 그것 때문에 화가 나서 길바닥 돌부리를 차고 있니?"

할 말이 없어진 민주는 발부리만 얼얼할 뿐이다.

민주는 왼발을 조금 절룩거리며 진아와 함께 집으로

들어섰다.
"너 발은 왜 그러니? 왜 절룩거려? 어디 다쳤니?"
어머니가 놀란 얼굴로 물으신다.
"운동화 땜에 화풀이한답시고 길바닥 돌부리를 차고 말았대요."
진아가 킥킥거리며 말한다.
"봐라. 괜히 심술부리다 돌부리를 차면 제 발부리만 아프지."
어머니가 소독제를 가져와 발가락에 발라 주면서 말한다.
"돌부리를 차면 제 발부리만 아프다? 어머니, 그런데 돌부리라고 쓰나요, 돌뿌리라고 쓰나요?"
민주와 진아가 고개를 갸웃한다.

'돌부리를 차면 제 발부리만 아프다'라는 말 들어 봤지? '쓸데없이 함부로 성을 내면 자기에게만 해가 돌아온다'는 뜻의 속담이란다.
이 때에는 '돌뿌리'가 아니라 '돌부리'라고 해야 한단다. '돌부리'는 돌멩이의 뾰족 내민 부분을 일컫는 말이지. 이것을 소리내서 말하면 '돌뿌리'로 '부'를 된소리로 내게 되는 거야. 그러나 이것은 소리낼 때에만 그렇지, 정말로 돌'뿌'리로 써서는 안 돼.

부리는 본래 '산 꼭대기' 또는 '새나 짐승의 주둥이'를 이르는 말이었지. 산 꼭대기나 새 주둥이가 뾰족이 내밀고 있어서, 그처럼 '물건의 끝이 뾰족한 부분'을 나타내는 말로도 쓰이게 된 것이지. '총부리'도 그렇게 생긴 말이란다.

또 '부리'는 병이나 자루 따위의, 한 끝의 열린 부분을 뜻하기도 해. 호리병의 부리처럼 말이야.

그러니까 발부리는 '발끝의 뾰족한 부분'을 가리킨단다.

'거시기'와 '머시기'

영철이네 집 앞에 있는 가게 주인 아저씨는 '거시기 아저씨'라고 불린다. 말 중간에 '거시기 뭐냐?'라고 하는 말버릇 때문에 얻은 별명이다.

영철이가 어머니 심부름으로 달걀을 사고 있을 때였다.

"영철이로구나. 어머니 심부름 왔니?"

이웃집 경식이 어머니가 가게 안으로 들어서며 인사말을 건네신다.

"네."

"어서 오셔요. 뭘 드릴까요?"

"콩나물 좀 주세요."

경식이 어머니가 콩나물을 살피면서 대답하신다.
"저 거시기는 요즘 공부 잘 하죠?"
아저씨가 콩나물을 비닐봉지에 담아 건네며 묻는다.
"우리 경식이 말이세요? 방학이라 할머니 댁에 가 있어요."
경식이 어머니가 막 나가고 나자 이번에는 민주 어머니가 들어서신다.
아저씨는 또 물건을 건네며,
"저 거시기는 요즘 공부 잘 하죠?"
하고 묻는다.

"아, 우리 민주요? 예, 잘 지내고 있죠."

민주 어머니도 웃으며 대답하신다.

이번에는 아저씨 가게 옆에서 선물가게를 하시는 머시기 아주머니가 들어오신다.

"머시기 아주머니, 거시기는 잘 있죠?"

"오랜만이네요. 머시기, 우리 집 양반은 늘 바빠요. 언제 거시기 아저씨 한번 만난다더니……"

영철이는 통 무슨 말인지 모르겠는데, 두 분은 잘도 통하는지 끊이지 않고 이야기를 주고받으신다.

"아저씨, 그런데 거시기는 아저씨 어렸을 때 이름인가요? 거시기, 머시기, 둘 다 무슨 말인지 정말 모르겠어요. 아주머니도 머시기였어요?"

급기야 영철이가 궁금해 못 견디겠다는 표정으로 묻는다.

가끔 말이 막히면 자신도 모르게 '거시기, 뭐냐'라고 말할 때가 있지 않니? 거시기란 말은 잘못하면 사투리나 말이 아닌 소리로 오해받기 십상이지. 그렇지만 어엿한 표준말로 쓰임새가 있는 우리말이란다.

거시기는 말하는 도중에 사람이나 사물의 이름이 얼른 떠오르지 않을 때, 그 이름 대신에 이르는 말을 가리키

지. 또 말하는 도중에 갑자기 말이 막힐 때도 써.

그런데 머시기는? 머시기는 사투리로 **머시**가 바른말이지.

또 '머시'는 '무엇이'의 준말이기도 해. 흔히 '머시, 어째!'라고 하잖니.

그리고 이와 같이 쓰이는 말로, 아무개도 있지. '아무개'는 '아무'보다 조금 홀하게 쓰는 말을 가리킨단다.

'걸르다'가 아니라 '거르다'

"으앗! 이게 무슨 냄새야?"

순지는 현관에 들어서다 말고 얼른 손가락으로 코를 막았다. 비릿한 냄새가 집 안에 가득했다.

"어머니, 벌써 김장하세요?"

"김장은 무슨 김장? 그냥 김치 담그는 거지."

"젓깔 끓이는 냄새가 온 동네까지 퍼지겠는걸요. 꼭 김장할 때처럼 말이에요."

"젓국을 거르는 중이야. 이렇게 해서 버무려야 아주 맛깔스러운 김치가 되지."

"젓국은 왜 거르는데요?"

"애도 원. 젓깔에 섞여 있던 잡찌꺼기를 걸러 내야 김치 맛이 부드럽지."

"제가 좀 도와 드릴게요."

순지가 팔을 걷어붙이는 시늉을 하며 어머니 곁으로 다가갔다.

"아서라. 또 얼굴이며 옷에 양념만 잔뜩 묻히지 말고 어서 점심이나 챙겨 먹어라. 엄만 보다시피 바쁘니까 말이야."

"점심은 안 먹어도 돼요. 친구들하고 오다가 붕어빵 사 먹었거든요."

"또 군것질 했다고? 그런다고 점심을 걸러서야 되겠니. 자꾸 끼니를 걸르면 몸에 해로워."

저녁 때 새 김치를 반찬으로 밥을 먹으니 정말 꿀맛 같았다.

아버지도 맛있어하며 한 마디 하셨다.

"오늘 김치는 정말 특별한 맛이 나는걸. 무슨 특별한 양념이라도 넣은 건가?"

"젓깔이 싱싱해서죠. 젓깔 걸르는 일도 보통 일 아니라구요."

어머니가 어깨를 좀 으쓱해 보이며 아버지 앞으로 김치 그릇을 조금 당겨 놓았다.

순지도 보통 때보다 빠른 속도로 숟갈질을 하며 밥을

현재 사전에는 '젓갈'이 ① 젓가락의 준말 ②젓을 담근 물건 두 가지를 다 가리키는 것으로 되어 있으나, ②를 뜻하는 말은 '빛깔' '맛깔'과 같이 '젓깔'로 써야 옳겠다.

먹었다.

"순지가 점심을 걸르더니, 밥을 정말 잘 먹는구나."

"점심을 걸러서야 되나. 그런데 점심을 거른 거야, 걸른 거야?"

아버지가 갑자기 궁금하다는 듯 순지 얼굴을 바라보셨다.

"글쎄요. 그럼 젓국은 걸르는 건가요, 거르는 건가요?"

걸르다, 거르다? 물론 거르다가 바른말이지. 거르다는 다음과 같은 뜻으로 쓰인단다.

1) (체 따위에 받쳐서) 건더기를 빼고 액체만 받는다.

· 술을 체에 거르다.
2) 차례를 하나 빼고 그 다음으로 차례를 건너뛰다.
· 끼니를 거르다. 하루씩 거르다.

'걸르다'라는 말은 없다. 다만 '거르다'의 '거르'가 ㄹ 앞에 연결되면서는 '걸러서' '걸렀다' 들로 변화하므로 헷갈리는 것이다.

과학 실험 때 쓰는, 찌끼나 건더기가 있는 액체를 거르는 종이 있지? 바로 **거름종이**라고 하는 거 말이야. 그 거름종이를 '걸름종이'라고 하지 않잖아.

이제는 헷갈리지 않겠지?

먼지털이? 먼지떨이!

"설이 지나면 봄이 곧 오려나 보다. 내일 모레가 설날이니, 오늘은 대청소를 할까?"

어머니가 유리창을 열며 말씀하셨다.

아직은 좀 차갑지만 상쾌한 바람이 들어왔다. 햇살 속에서 부옇게 떠다니는 먼지가 보였다.

"어머니, 먼지털이 어딨어요? 방구석이랑 전등 위 먼지를 좀 떨어야겠어요."

"아버지, 우리도 진공 청소기 하나 마련해요. 이럴 때 진공 청소기 쓰면 좋잖아요."

"저는 이대로도 좋은걸요. 이렇게 총채로 툭툭 먼지 떨어 내는 것도 괜찮아요."

"누나야, 묵은 먼지를 없애니 새 마음이 되는 거 같

지?"
"그럼, 마음 속의 먼지도 다 떨어 낸 것처럼 개운해. 어이구, 우리 창희 머리에 앉은 먼지 좀 봐. 이 먼지떨이로 누나가 싹 없애 줄게."
민지가 의자에 올라선 창희 곁으로 바짝 다가간다.
"그런데, 민지야 넌 먼지떨이라 했다가, 먼지털이라고 말했다가 하는데 어느 게 맞는 말이니?"
"예에, 글쎄…… 그게 알쏭달쏭……"

먼지떨이가 맞을까 먼지털이가 맞을까? 물론 먼지떨이가 바른말이지.
떨다라는 말은 '(붙어 있는 것을) 떨어지게 하

다'라는 뜻이지.
· 밤나무의 밤을 떨다.

털다라는 말은 '치거나 흔들어서 붙은 물건을 떨어지게 하다'라는 뜻이 담겨 있지. '떨다'보다는 느낌이 거센 말이야.
· 담요의 먼지를 털다.
· 털어서 먼지 안 나는 사람 없다.

'털다'는 '떨다'보다 동작이 큰 것을 나타내는 말이야. 먼지떨이로 청소하는 것은 먼지를 '떠는' 것이고, 먼지떨이를 거꾸로 잡고 막대기로 담요를 쳐서 먼지가 떨어지게 하는 것은 '턴다'고 해야 맞지.

'털다'에는 또 자기 것을 몽땅 내놓거나, 남의 것을 몽당 훔치거나 한다는 뜻도 있어.

· 전 재산을 털어 학교에 기증했다.
· 강도가 가게를 털어 갔다.

그럼, 담뱃재는 떠는 걸까, 터는 걸까?
떨어지게 하는 동작이 작으니 '떤다'고 해야겠지. '재털이'가 아니라 '재떨이'인 이유를 알겠지? 재털이라 하면 잘못이야.

소나기와 소낙비, 둘 다 맞아요

"쏴악악, 쏴악."

"으악, 비다!"

"아이고, 이대로 어떻게 집에 가?"

공부를 마치고 집으로 돌아가려던 아이들은 현관에 멈추어 서서 멍하니 밖을 바라다보았다. 갑자기 하늘이 캄캄해지더니 비가 눈앞이 안 보일 정도로 쏟아졌기 때문이다.

"빨리 집에 가서 만화 영화 봐야 하는데."

"야! 소나기야 빨리 그치지 못할까!"

명호가 고함치듯 소리를 쳤다. 아이들이 까르르 웃었다.

"야, 소나기가 뭐냐, 소낙비지!"

그 때까지 하늘만 올려다보던 상훈이가 명호를 쳐다보며 말했다.

"뭐야? 소나기가 맞다. 보라구, 저렇게 세차게 좌악좌악 내리는 비를 소나기라고 한다는 건 젖먹는 아이들도 다 아는 일이라구!"

"그래, 소낙비는 사투리다, 사투리!"

명진이가 끼어들며 말했다.

"아니라고. 소낙비가 맞다, 뭐!"

소나기와 소낙비 둘 다 맞는 말이지. 우리말에는 복수 표준말이라는 게 있단다. 두 가지 이상의 말을 표준말로 쓴다는 말이야. 한때는 소

낙비는 버리고 '소나기'만 표준말로 삼기도 했지. 그렇지만 지금은 소나기와 소낙비를 둘 다 표준말로 쓰고 있어.

　소나기와 소낙비는 '갑자기 세차게 내리다가 곧 그치는 비'를 뜻하는 말이란 거 알지?

　그럼 복수 표준말에는 또 어떤 것이 있을까? 봄 하늘 높이 지저귀는 종달새 알지? 우리는 종달새를 종다리라고도 부르지. 또 뻐꾸기는 뻐꾹새라고도 한단다. 둘 가운데 아무거나 써도 맞는 말이지.

알타리김치? 총각김치!

"이거 좀 봐라. 요즘 아이들은 김치는 안 먹고 피자나 햄버거를 더 좋아한대."
"신문기사를 광고에 썼네."
"난 김치 없으면 밥도 못 먹는단 말이야. 그럼 난 요즘 어린이가 아니란 말이야?"
명호의 얼굴이 더욱 찌푸려졌다.
"어떤 뜻에서는 넌 요즘 어린이가 아니랄 수도 있지. 명호, 너는 김치뿐 아니라 된장, 고추장도 좋아하잖아!"
"그래, 어렸을 때부터 그런 것 없으면 밥 안 먹었어."
"야, 그러니까 네 별명이 토종이지, 순토종!"
민희가 명호 어깨를 툭 치며 우스갯소리를 했다.

"알아줘서 고마워. 아, 김치 말을 하니까 입에서 침이 마구 도네."

명호가 입맛을 쩝쩝 다셨다.

"금세 김치가 먹고 싶어졌어? 어이구 못 말려! 누가 김치 박사 아니랄까 봐."

"난 안 말린다, 안 말려! 토종 김치 박사님!"

아이들이 한 마디씩 하자 명호는 짐짓 어깨까지 으쓱거리며 김치 종류를 대기 시작했다.

"에헴, 김치로 말할 것 같으면…… 한국을 대표하는 세계적인 음식으로 그 종류가 무려 40여 가지나 되지. 갓김치, 배추김치, 무김치, 오이소박이김치, 나처럼 풋풋하고 싱싱한 알타리김치."

"가만. 뭐, 알타리김치?"
"그래!"
"틀렸어. 알타리김치가 아니고, 총각김치!"
"아니다. 알타리김치가 맞다. 우리 엄마가 알타리김치라고 했어. 작은 무로 담그는."
"그게 총각김치라니까. 알타리김치는 표준말이 아니야."
명호가 답답하다는 듯이 가슴을 탁탁 두드렸다.
"넌 김치 박사지만 우리말 박사는 아니잖아!"
철순이가 씩씩거리며 말했다.
"그래서 내 말을 못 믿겠다는 거군."
"그런 건 아니지만…… 어쨌든 총각김치가 맞아."
"얘들아, 이러다 싸우겠다. 알타리김치든 총각김치든 김치 이야기를 하다 보니 정말 배고프다."
"그래, 집에 가서 밥이나 먹자. 우리 어머니께서 김치찌개 맛있게 해 놓고 기다리실 거야."

흔히 총각무를 알타리무, 총각김치를 알타리김치라고 말하기도 하지만 사실 이건 바른말이 아니란다. 1988년 표준말 규정에서 알타리무, 알무를 버리고 총각무를 표준말로 쓰기로 했거든. 따라서 알타리김치도 이제는 표준말이 아니지.

어때, 사실 말하기도 총각김치가 쉽고 재미있잖아.

높임말을 제대로 쓰려면

은정이는 주말마다 어머니와 함께 마을 뒷산에 있는 약수터에 간다. 차고 맑은 물을 떠서 마시는 기분이란 이루 말로 표현할 수 없을 정도다.
"어머니, 한 잔 더 드셔요. 속까지 시원해지는걸요!"
어느새 은정이네 뒤로 많은 사람들이 줄을 섰다.
"어이구, 우리 은정이 아닌가."
"할머니, 안녕하셔요?"
바로 옆집에 사는 기정이네 할머니였다.
"참 기특도 하구나. 이렇게 일찍 산에 오다니 말이야."
"겨울이라서 그런지 물맛이 더 좋아요. 이리 오셔서 한 잔 들어 보셔요."

어머니가 작은 물통에 받은 약수를 컵에 따라 할머니께 드렸다.
"커어. 물맛 좋다. 우리 기정이도 마셔 보렴."
할머니는 흐뭇한 웃음을 지어 보이시며 기정이 머리를 쓰다듬었다.
"할머니, 그게 술이에요? 커 소리까지 내시게요? 많이 많이 드셔 보셔요."
"오냐, 오냐."
"야, 고은정! '드셔 보셔요'가 아니라 '들어 보셔요'라고 말해야지!"
기정이가 한 마디 했다.
"애 좀 봐. 어른께는 '드셔 보셔요'라고 해야 한단 말이

148

야."

"아냐. '들어 보셔요'가 더 맞아! 높임말도 자연스럽게 써야지."

"뭐라고! 말은 바로 쓰랬다고, 어른께는 드시라고 해야 맞지."

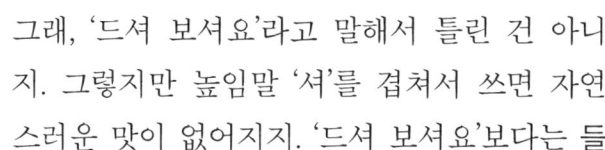
그래, '드셔 보셔요'라고 말해서 틀린 건 아니지. 그렇지만 높임말 '셔'를 겹쳐서 쓰면 자연스러운 맛이 없어지지. '드셔 보셔요'보다는 들어 보셔요라고 해야 알맞은 표현이 된단다. 높임말 쓰기가 너무 지나치면 듣기에 어색하기 때문에, 토막 글월 안에선 마지막 낱말을 높여야 자연스럽다는 말씀!

그러니 '들어 보다'를 높임말로 할 때에는 '들어 보시다'로 하는 것이 좋아.

버들강아지와 버들개지

"정말 봄은 봄이다. 저 버들강아지 좀 봐. 햇살 속에서 반짝반짝 빛나는 게 정말 예쁘지 않니?"
"버들강아지 눈 좀 봐. 보들보들 솜털 같지?"
토요일 오후, 동희는 친구들과 뒷산에 올라갔다. 아직 응달에는 눈이 남아 있었지만, 볕이 잘 드는 양달에는 어느새 버들강아지가 올라와 있었다.
동희가 눈을 갸름히 뜨고 조용한 목소리로 노래를 부르기 시작한다.

"버들개지 한들한들
 고기들은 왔다갔다……"

"어, 그런데 버들개지가 맞냐, 버들강아지가 맞냐? 동요에선 버들개지라 하고 우린 보통 버들강아지라고 하잖아. 가만 들으니까 헷갈리잖아."

시민이가 갑자기 묻자 동희와 순선이도 서로 얼굴을 바라보며 고개를 갸우뚱한다.

"글쎄, 버들강아지가 맞지 않을까? 귀여운 강아지 같잖아."

"어쩐지 버들개지는 사투리 같다. 안 그러니, 동희야?"

이른 봄이면 호숫가나 연못가에서 버들가지에 보송보송 핀 꽃을 볼 수 있지? 바로 그 버드나무의 꽃을 이르는 말이 버들개지란다. 솜과 비

숫하게 생겼고 바람에 날려 흩어지는 거 말이야. 이 버들개지를 버들강아지라고 말하기도 하지. 둘 다 표준말이란다.

실은 이 말은 그 동안 혼란이 있었던 말이지. 1936년 '조선어 표준말 모음'에서는 '버들개지'를 표준말로 삼고, '개지'를 버린다고 했어. 그 뒤 사람들이 '버들강아지'란 말을 더 많이 쓰자 이를 표준말로 잡는 사전도 있었단다.

1988년 '표준말 규정'에서 이 두 말을 복수 표준말로 정했단다. 그리고 '개지'도 '버들개지'의 준말로 본단다. 그러니까 '버들개지' '버들강아지' '개지', 이 세 가지가 다 표준말이지.

채소, 야채, 소채

"자, 야채가 쌉니다, 싸요. 야채 떨이요, 떨이."
 동신이는 할머니와 함께 저녁 반찬거리를 사고 산책도 할 겸 해서 동네 시장을 둘러보는 중이었다.
 "우리 동신이 고등어 사서 맛있게 구워 줄까? 네 엄마도 좋아하니까 한 손만 사 가자꾸나."
 "그래요, 할머니. 엄마가 퇴근해 오시면 아주 맛있게 드실 거예요. 아, 그리고 할머니, 시금치랑…… 채소도 좀 사요."
 "오호라. 소채 나물이 먹고 싶은 모양이로구나."
 "소채요? 할머니, 채소가 아니고 소채요? 에이, 우리 할머니가 말을 거꾸로 하고 계시네."

"얘 좀 보게. 늙었다고 무시하냐, 이 할미를? 할미는 밭에서 나는 푸성귀를 말하는 거다."

"푸성귀? 그런 것도 먹어요? 점점 이상한 말씀만 하세요? 야채면 또 모를까."

"우리 손자가 채소나 야채란 말은 알아도 이 할미가 쓰는 소채나 푸성귀는 잘 모르는 모양이구나. 다 밭에서 나는 푸성귀를 가리키는 말인데."

"에이, 할머니, 그럼 아주 케케묵은 단어일 거예요. 요새 그런 말을 누가 써요."

"그러니? 에구 어쨌든 소채전에 가서 시금치랑 미나리랑 좀 사자꾸나."

그 날 저녁 동신이는 다른 때보다 저녁밥을 더 맛있게

먹었다. 콩나물무침이며 시금치 나물, 봄동 겉절이가 제맛이었다.

"동신이는 먹는 것 걱정 안 해서 이 엄마가 정말 즐겁구나. 채소를 좋아하니 음식 만들기 까다롭지도 않고, 할머니 걱정도 덜어 드리고 말이야."

"건강에도 좋은 일이잖구. 어릴 때부터 소채 먹는 습관이 들어서 얼마나 좋으니. 건강에 좋다고 일부러 소채만 먹는 사람들도 있다더라."

"할머닌 또 소채래요. 엄마, 대체 소채가 맞아요, 채소가 맞아요?"

채소와 소채, 어느 게 맞는 말인지 좀 혼란스럽지? 밭에서 가꾸거나 들에서 나는 온갖 푸성귀를 가리키는 말로, 채소와 소채, 그리고 **야채** 모두 바른말이란다. 이 셋을 다 표준말로 인정하고 있어. 다만 '소채'라는 말은 아주 오래 전부터 써 오던 말로, 주로 나이가 많이 드신 분들이 즐겨 쓰시지. 요즘은 '야채'나 '채소'를 주로 쓰는데, '야채 한 접시', '야채 샐러드'와 같이 '야채'를 많이 쓰는 편이지. 그런데 일본말 냄새가 난다고 '야채'보다는 '채소'란 말을 쓰기를 국어학자들은 권하고 있단다.

채소는 남새라고 하기도 해. 또 호박나물이나 오이나

물 들과 같이 채소를 여러 가지 양념으로 무친 반찬은 나물이라고 하지.

그럼 산에서 난 나물은 뭐라고 일컬을까? 바로 산나물

이지. 한자말로는 산채라고 한다는 거 쉽게 알 수 있겠지?

강냉이는 사투리가 아니에요

"수철아, 이 강냉이 아주 맛있지?"

아버지께서 퇴근길에 사 온 옥수수를 잡수시며 말씀하신다.

"그런데, 애들아. 너희들 옥수수 박사라고 들어 보았니? 이것 좀 봐라."

함께 옥수수를 들면서 신문을 훑어보시던 어머니께서 말씀하신다.

"그럼요. 바로 이 아저씨가 옥수수, 아니 강냉이 박사잖아요. 텔레비전이랑 잡지에서도 본 적이 있어요. 수퍼 옥수수 씨앗을 개발해 아프리카의 식량난을 줄이는 데 이바지했잖아요."

수철이가 재빨리 말했다.

"요게, 장난치기만 좋아하는 줄 알았더니 별걸 다 알고 있어. 엄마, 이 아저씨 북한 동포 돕기도 하고 있잖아요. 수퍼 옥수수 씨앗 보내기로요. 북한 땅에 알맞은 옥수수를 개발하면 북한의 식량난을 줄이는 데도 큰 보탬이 될 거예요."

수민이가 말을 이었다.

"그렇단다. 김순권 박사가 하는 사업에 우리 나라 사람들이 더 큰 호응을 보내 주면 좋겠구나."

"엄마, 그런데 왜 이 아저씬 강냉이 박사라 하지 않고 옥수수 박사라 하죠?"

"야, 그걸 너 지금 질문이라고 하냐? 옥수수가 바른말이니까 그렇게 쓰는 게 당연하지. 강냉이야 우리 아빠처럼 사투리 좋아하시는 분만 쓰지."

수민이가 자신 있는 말투로 대답하자, 갑자기 아버지가 어리둥절해하는 표정을 지으신다.

"정말 강냉이가 사투리냐?"

우리는 흔히 강냉이를 사투리로 알고 있지. 그렇지만 강냉이, 옥수수 둘 다 엄연한 표준말이야.

사실 강냉이는 본디 사투리 취급을 받았지. 그러다가 지난 1988년의 표준말 규정에서 복수 표준말로 인정했단다.

'옥수수'는 '수수'에 구슬 옥(玉) 자를 보탠 말이지. '수수'이되, 그 낱알이 '구슬' 같다고 해서 그렇게 부른 것이란다.

종다리와 종달새

"와아, 즐거운 주말 농장 가는 길!"
초록이가 차 안에서 소리치며 즐거워한다.
"주말마다 오는데도 그리 즐거우니?"
어머니께서 차창으로 들어오는 늦봄의 따가운 햇살을 손으로 가리며 말하신다.
"그럼요. 주말 농장에 다니면서부터는 날마다 주말이 되기만 기다리는걸요."
"허허. 이번엔 흙장난만 즐기지 말고 밭에 난 잡초도 좀 뽑아야지?"
아버지가 살짝 윙크하며 말씀하신다.
자동차가 널따란 농장 앞에 이르자, 벌써 몇몇 가족들

이 각자 밭을 돌아보는 게 보였다.
"초록아, 우리도 밭에 가서 배추랑 상추가 얼마나 자랐는지 볼까?"
"현민아, 우리 밭에 같이 가자."
초록이와 현민이는 콧노래를 부르며 앞서거니 뒤서거니 농장길을 달린다.
"초록아, 우리 달리기 시합하자. 저 보리밭까지 누가 먼저 가나."
"좋아."
초록이와 현민이는 누가 먼저라고 할 것 없이 신나게 들판 쪽으로 뛰었다.
"아니, 저 녀석들이…… 풀 뽑겠다고 하더니……"
"허허. 내버려 두구려. 봄바람을 맞으니, 몸도 날아갈 듯한 모양인가 보구려."
현민이 아버지가 대견스레 아이들을 바라보다 밭으로 들어가신다.
"노골노골 노골노골."
보리밭 위로는 작은 새가 하늘 높이 날아올라 고운 소리로 울었다.
"무슨 새지? 소리가 참 곱지?"
현민이가 물었다.
"노고지리라는 새지. 노골노골 울고 있잖아."

"노고지리라고? 아, 종다리 말이구나."
"종다리? 노고지리가 종다리를 가리키는 말이었어? 둘 다 바른말이야? 헷갈리는데?"
현민이가 갑자기 생각난 듯 물었다.
"글쎄……"

'동창이 밝았느냐/노고지리 우지진다……' 하는 유명한 옛 시조가 있지. 노고지리는 새의 이름으로, 우리가 흔히 종다리, 종달새라 부르는 새야.

종다리는 봄 하늘 높이 날아올라 '노골노골' 곱게 우는 텃새지. '노고지리'는 바로 종다리의 옛말인데, 지금은 사투리로 보고 있어. 종달새도 '종다리'와 같이 표준 말이야.

서울 살면 서울내기, 시골 살면 시골내기

 채순이는 여름 방학 때면 완도 할아버지 댁에서 지낸다.
 마을 사람들은 아직도 거의 일가 친척들이었다. 앞집은 오빠네고, 뒷집은 아저씨네다. 길이나 들에서 만나는 사람마다 "이씨 할아버지네 서울 손녀 왔구나." 하고 알은체를 하며 반겼다.
 "어이, 서울내기. 시골에 오니 재미없겠구나. 컴퓨터 게임 같은 것도 못 하고?"
 이렇게 놀리는 어른들도 있었다.
 오늘은 바닷가에 나와 조개를 줍고 있는데, 옆집 민이네 어머니가 알은체를 하셨다.

"아이고, 우리 허여멀건 서울내기 왔구나. 조개 잡느라 허연 얼굴이 새까매지겠네?"
"네. 안녕하세요."
대답은 밝게 하지만 채순이 표정은 조금 일그러졌다.
"우리 서울내기 누난 검정 얼굴이 더 좋대요."
사촌 동생 민호가 따라서 놀렸다.
"오호, 그래? 서울내기답지 않구나."
민이 어머니는 깔깔 웃으시며 방금 캔 조개를 채순이 바구니에 넣어 주셨다.
"서울내기 누나, 다음에 나 서울 가면 63빌딩 구경 좀 시켜 주라."
"겨울 방학 때 우리 집에 오면 되잖아. 서울내기라고 부르지만 않으면!"

"우리 누나, 서울내기 누나 또 골낸다."
"너, 자꾸 그러면 같이 안 놀아 준다! 이 시골내기야!"
"히히, 그래 난 시골내기, 누난 서울내기! "
민호는 뻘밭을 마구 달리며 놀려 댔다.
"어이구, 저걸 그냥……"
"채순이가 속상했구나. 서울내기라고 해서?"
"………"

채순이가 시무룩한 표정으로 아무 말도 하지 않자, 민이 어머니가 말씀하셨다.

"서울에 사니까 '서울내기'라고 하지. 나쁜 말이 아니란다. 우린 시골에 사니까 시골내기가 맞지 뭐."
"나쁜 말이 아니라고요?"

"그래? 그게 왜 나쁜 말이라고 생각해?"
"풋내기, 신출내기, 뭐 이런 말은 다 나쁜 뜻으로 쓰잖아요. 사람을 얕잡아 이를 때 쓰는 말이니까요."
"호호. 글쎄, 내 생각엔 그 말하고는 다른 거 같은데. 그런 말도 나쁜 뜻은 아닐 거야."

서울내기라고 할 때 쓰는 -내기라는 말은 나쁜 뜻으로 쓰이는 말이 아니란다. 고장을 나타내는 말에 붙어 쓰여, 그 고장 사람임을 뜻할 뿐이거든. 평양에 사는 사람을 일컬을 땐 평양내기라고 하는 것과 마찬가지야.

그런데 '-내기'는 또 다른 뜻으로도 쓴단다. '그 정도의

사람'임을 얕잡아 이를 때 쓰기도 하지. 예를 들어 경험이 없어서 일에 서투른 사람을 얕잡아 이를 때 **풋내기**라고 하는 것처럼 말이야.

신출내기는 어떤 방면에 처음으로 나서서 아직 익숙하지 못한 사람을 일컫는 말이고. 또 **보통내기**라고 하면 뛰어나지 않은 보통 사람을 가리킨단다. 이 보통내기를 예사내기라고도 하지.

여간내기는 보통내기와 같은 뜻으로 쓰이는데, 흔히 '그는 여간내기가 아니다'처럼 '아니다'와 어울려 쓰여, '도리어 뛰어남'을 나타내지.

손끝이 맵다?

"만약에 인절미가
시집을 간다면
팥고물 콩고물에 화장을 하고
빨간 쟁반에 올라앉아
어서 어서 가자
목구멍 속으로!"

유진이와 혜원이는 노랫가락에 맞춰 전래 놀이를 하고 있다.
"짝짝."
"짝짝."

"아유, 유진이 너 손끝이 맵구나."

놀이가 끝나자, 혜원이가 발갛게 된 손바닥을 펴 보이며 말했다.

"어머, 아팠니? 미안해. 우리 엄마도 가끔 내 손끝이 맵다고 그러셔."

유진이가 혜원이의 손을 잡으며 미안해했다.

"유진아, 이제 우리 나가서 놀이터에서 줄넘기나 하자."

"그래. 참, 혜원아, 실내화 주머니가 떨어졌는데, 먼저 꿰매 놓고 놀러 가자. 놀다 들어오면 또 잊어버릴 것 같아서 그래. 잠깐이면 돼."

유진이가 말했다.

"그러자. 하지만 너, 바느질 잘해?"

"그럼. 혼자서 할 수 있어."

유진이는 실내화 주머니와 반짇고리를 가져와서 터진 곳을 한땀 한땀 박음질로 기웠다.

그 때 할머니께서 튀김 접시를 가지고 오며 말씀하셨다.

"간식들 좀 먹으렴. 그런데 유진인 웬 바느질이냐? 이 할미가 해 주련?"

"아니에요. 혼자 할 수 있어요. 이제 다 됐는걸요."

"글쎄, 이리 다오. 이 할미가 보자꾸나."

할머니께서는 못 미더운지 실내화 주머니를 빼앗듯이

채 가서 요모조모 살펴보셨다.

"아유, 손끝이 여물기도 하지. 요즘 아이들 같지 않구나. 네가 엄마 손끝을 닮았나 보구나."

할머니께서 대견해하며 말씀하셨다.

"유진이는 손끝이 맵고, 손끝이 여물고…… 그런데 할머니, 손끝이 여물다가 무슨 말이에요? 손끝도 무슨 곡식처럼 익나요?"

먼저 손끝이 어떤 뜻으로 쓰이는지 알아볼까?

① 손가락 끝: 손끝을 날쌔게 놀리다.
② 손을 대거나 건드려서 생긴 결과: 손끝이 맵다.
③ 손을 놀려서 하는 일솜씨: 손끝이 여물다.

　'손끝이 맵다'라는 말은 '손으로 건드리거나 매만진 결과가 모질다'라는 뜻이야. 친구가 손으로 장난삼아 한 대 때렸는데 무척 아플 때가 있지? 그런 때 바로 "너는 손끝이 맵구나." 하는 표현을 쓰는 거야.

　그리고 '손끝이 여물다'라는 것은 일하는 솜씨가 빈틈이 없고 좋음을 나타내지. 십자수를 잘 놓거나 만들기를 유난히 잘하는 친구에게는 "너는 손끝이 여물구나." 하면 되는 거지.

　그런데 '손끝이 맵다'는 '손때가 맵다'라고도 해. 전에는 '손때 맵다'를 표준말로 삼지 않았는데, 요즘은 둘 다 바른말로 삼았거든.

글을 마감하며

언제부터인지 아들딸이 아버지를 '아빠'라고 부르는데, 그 아이들의 어머니도 남편(아들딸의 아버지)를 역시 '아빠'라고 부르고 있습니다.

요즘은 갓 결혼한 신부도 신랑을 '오빠'라고 부릅니다. 여자의 같은 항렬 되는 손위 남자, 즉 오라버니도 '오빠'라고 합니다.

또 어린이들이 외할아버지·외할머니를 '외'자를 떼어 버리고 그냥 할아버지·할머니라고 부르는 경우도 많습니다. 물론 친가의 할아버지·할머니도 똑같이 불러 구별이 안됩니다.

이런 말살이를 보면 우리 말본이 송두리째 흔들리고 있다는 생각이 듭니다.

우리말은 특히 부름말(호칭)에 대해서 매우 엄격했습니다. 자칫 잘못하면 딴사람을 가리키게 되기 때문입니다.

물론 말과 글은 살아 있어서 시대에 따라 달라지게 마련입니다. '가위'를 보기로 들어 이야기하지요. 한글학회에서 펴낸 "새한글사전"에는 '가위'를 '옷감·종이·가죽·머리털 따위를 잘라 베는 연장'이라고 풀이하고 있습니다. 그런데 요즘은 식탁에서 가위를 더 자주 보게 됩니다. 따라서 앞으로 '가위'에 대한 풀이에는 '김치나 냉면 사리 등을 잘라 베는 연장'이라는 말이 덧붙을지도 모릅니다. 살림살이에 따라 말살이가 달라지는 경우입니다.

또 말글은 쉽고 편하게 쓰이려는 성질이 있어 준말이 생겨나고 다른 뜻으로 쓰이기도 합니다.

하지만 여기에는 일정한 원칙이 있습니다. 그 원칙이란 '정확하게 전하는 힘을 잃지 않을 것'과 '아름다움과 품위를 지킬 것'입니다.

오늘날 우리 어린이들이 즐겨 쓰는 말 가운데서 방송이 쏟아 내는 유행어를 흉내 낸 엉터리 말이나, 마구잡이로 쓰는 사이버 공간의 만듦말(조어)은 이런 원칙을 깡그리 무시하고 있어서 문제가 되는 것입니다.

이 책을 마감하면서, 우리 말글을 올바르게 쓰는 것은 옳은 일을 함으로써 우리 나라를 옳은 나라가 되게 하는 첫걸음임을 다시 한번 강조합니다.

찾아보기

ㄱ

강냉이 159
거르다 134~135
거름종이 135
거리 45
거시기 130~131
겹말 104~105
골 49
과반수 20
군것질 108
기라성 87, 89
기린아 86, 87
꾸러미 45

ㄴ

나물 156
낟 25
날다 114~115

남새 156
낫 24
낮 24
낯 24
낱 25
-내기 168
냥 45

ㄷ

단골곡 75~76
닭매운탕 82
-던지 11
돌부리 126
동태 55
두껍다 16
두름 44~45
두텁다 16
-든지 11

들어 보다 149

ㄹ
-로서 41
-로써 41

ㅁ
만치 123
만큼 123
말 45
머시 131
먼지떨이 137
명태 55
목 70
목돈 71
몫 70

ㅂ
발부리 126
발소리 63
발자국 63
버들강아지 152

버들개지 151
복사 120
복사뼈 120
봉선화 119
봉숭아 119
부리 127
북어 55
뻐꾸기 142
뻐꾹새 142

ㅅ
사라 78
사리 79
상처 90~91
생채기 90~91
생태 55
서리 65, 67
서울내기 168
성에 66~67
셈낱말 45
소나기 141~142
소낙비 141~142

소채 155
손 44~45
손끝 172~173
손때 173
시치미 99~101
신출내기 169
싣다 28
싸(이)다 29
쌈 45
쌓(이)다 29

ㅇ
아무개 131
야채 155
여간내기 169
열사 38
오랜만 59
오랫동안 59
옥수수 159
온 49
우리 45
울 49

의사 38
이파리 112
잎 112
잎새 111

ㅈ
잘 49
재떨이 139
접 45
종다리 142, 163
종달새 142, 163
주전부리 108
죽 45
즈믄 48~49
-째 34~35

ㅊ
-채(로) 35
채소 155
첩 45
총각김치 145
축 45

ㅋ
코다리 55
쾌 45
태우다 28

ㅌ
톳 45

ㅍ
풋내기 169

ㅎ
황태 55

우리 말글 바로 알고 옳게 쓰자 2

2001년 12월 1일 초판 1쇄 발행
2012년 5월 7일 초판 14쇄 발행

지은이 정재도·김병규
펴낸이 강일우
펴낸곳 (주)창비
등록 1986년 8월 5일 제85호
주소 413-120 경기도 파주시 회동길 184
전화 031-955-3333
팩스 영업 031-955-3399 | 편집 031-955-3400
홈페이지 www.changbikids.com
전자우편 dongmu@changbi.com

ⓒ정재도·김병규 2001
ISBN 978-89-364-4531-7 73710
ISBN 978-89-364-4980-3 (전2권)

* 이 책 내용의 일부 또는 전부를 재사용하려면
  반드시 저작권자와 창비 양측의 동의를 받아야 합니다.
* 책값은 뒤표지에 표시되어 있습니다.